ENERGIA
e bom humor

Ceiça Schettini

ENERGIA
e bom humor

Paulinas

Dados Internacionais de Catalogação na Publicação (CIP)
(Câmara Brasileira do Livro, SP, Brasil)

Schettini, Ceiça
  Energia e bom humor / Ceiça Schettini. – São Paulo : Paulinas, 2014. – (Coleção o melhor remédio. Série reflexões e orações)

  ISBN 978-85-356-3680-2

  1. Conduta de vida 2. Motivação (Psicologia) 3. Reflexões II. Título. III. Série.

13-12977   CDD-158

Índice para catálogo sistemático:
  1. Conduta de vida : Reflexões : Psicologia aplicada   158

1ª edição – 2014

Direção-geral: *Bernadete Boff*
Editora responsável: *Andréia Schweitzer*
Copidesque: *Simone Rezende*
Coordenação de revisão: *Marina Mendonça*
Revisão: *Ruth Mitzuie Kluska e Sandra Sinzato*
Gerente de produção: *Felicio Calegaro Neto*
Produção de arte: *Jéssica Diniz Souza*
Fotos: *stock.xchng*

Nenhuma parte desta obra pode ser reproduzida ou transmitida por qualquer forma e/ou quaisquer meios (eletrônico ou mecânico, incluindo fotocópia e gravação) ou arquivada em qualquer sistema ou banco de dados sem permissão escrita da Editora. Direitos reservados.

Paulinas
Rua Dona Inácia Uchoa, 62
04110-020 – São Paulo – SP (Brasil)
Tel.: (11) 2125-3500
http://www.paulinas.org.br – editora@paulinas.com.br
Telemarketing e SAC: 0800-7010081
© Pia Sociedade Filhas de São Paulo – São Paulo, 2014

Agradeço muito a Deus,
ao meu marido Cláudio,
às minhas filhas Juliana e Maria Eduarda,
aos meus pais Vera Lúcia e Antônio Carlos e
às minhas irmãs Sylvinha, Rosa e Mila,
minhas fontes de inspiração,
que contribuíram permanentemente com o seu amor, dedicação e presença
para que eu me tornasse a pessoa que hoje sou
e sem os quais nada disso seria possível ou valeria à pena.

Dedico esse livro à minha família
de sangue e de coração e a todos os queridos
que leram meus escritos e, com o seu carinho,
me motivaram a escrever cada vez mais e melhor.
Em especial, à minha ex-professora de Português Belina Aguiar,
a quem devo o meu profundo interesse pela língua,
e aos amigos Mariângela Teixeira, Ricardo Montagnana e Alex Sandro Severo,
meus maiores incentivadores a abraçar
o desafio de escrever meu primeiro livro
e que, desde o início de 2013, apostaram com forte
entusiasmo neste meu talento, apresentado ao mundo
editorial pelas mãos sensíveis de Andréia Schweitzer.

Ensaiando, ensaiando...
Escrevendo sempre, cada vez mais.
Escrever é como afinar um instrumento:
Quanto mais vezes você faz,
melhor fica o afinamento.
Tem que ter vontade, disciplina,
amor à língua,
certa dose de sensibilidade e criatividade
e não ter medo de se expor.
Como uma formiguinha,
que carrega dezenas de folhas
todos os dias, até transportar
uma floresta de um lado para o outro!

Universo conspirando...

Sempre gostei muito de escrever e desenhar!

Já na infância, minha mãe guardava meus caderninhos sem pauta, nos quais adorava desenhar sempre a mão livre para onde o lápis queria ir...

Fui alfabetizada por minha mãe com 5 anos e fiquei encantada com as letras e seus formatos! Adorava fazer caligrafia! Não sei se pelo fato de desenhar as letras ou de poder juntá-las em mil palavras diferentes!

Na adolescência, ganhei de meu pai um livro de Fernando Pessoa e me encantei pelo idioma e seus mistérios! Minhas professoras de Português foram decisivas nisso, pois tinham especial cuidado em ler minhas redações.

Tem gente que é viciada em malhação, corrida, comida, bebida. Outros são viciados em celular, televisão, internet, carteado, chocolate, HQ ou sei lá mais o quê... Já eu, sou viciada em escrever. Quanto mais penso, mais escrevo; quanto mais escrevo, mais tenho a dizer. Na verdade, dependo disso, pois quando escrevo tenho ilusões fantásticas, como qualquer viciado: me sinto mais forte, mais inteligente, mais sensível e corajosa, mais bonita... Um espetáculo de mulher! Com apenas uma vantagem: escrever me deixa lúcida, energizada e conectada a muitos outros corações. Para esta baiana elétrica, ligada no 330 volts, essa endorfina é mega-power-pra-lá-de-boa!

Incentivada por conspirações do Universo, resolvi publicar na internet algumas das minhas expressões sobre a vida e, para isso, reli algumas coisas escritas há mais tempo, que estavam guardadas no fundo de algumas páginas virtuais.

Passado um tempo, fui escrevendo textos novos e espalhando-os no ar... Ora o vento levava para ali, ora carregava pra lá bem distante, tocando mais corações desconhecidos até essa editora me encontrar.

Desejo que, ao folhear esse livro, você consiga captar um pouco do meu olhar sobre a vida e o mundo à minha volta e que, acima de tudo, consiga se emocionar e se divertir com a leitura!

Abraços,
Ceiça Schettini

O COMEÇO

O importante é ser feliz!
E isso não tem nenhuma relação
com o lugar onde você nasceu, onde mora,
quanto ganha ou o cargo que exerce.
Está tão somente relacionado
a uma decisão diária
e exclusivamente sua!
Ser feliz exige energia,
coragem, fé e determinação.
Se está com medo, pra que veio?
Eu vim pra ser feliz!

Razão e sensibilidade

Eu escrevo com o coração. Não escrevo ao acaso, apenas amontoando letras e encadeando palavras. Há sempre sentimento quando me expresso, seja através de um desenho, uma fotografia ou um texto. Gosto de imprimir minha energia aos meus gestos e às minhas palavras.

Há pessoas que pensam que razão e sentimento não se misturam e se autointitulam "pessoas cerebrais", que agem sempre com a razão e separam os sentimentos das ações. Pessoas assim não se deixam transparecer, há sempre muitos véus entre elas e os outros. Não choram em público para não demonstrar fraqueza; não abraçam para evitar proximidade; não demonstram o que sentem para parecer mais fortes do que realmente são.

Mas será que esse conjunto de atitudes não demonstra, a olhos mais observadores, justamente o contrário do que desejam?

No meu caso, o fato de imprimir sentimento às minhas atitudes não me impede de ser racional, só não me transforma num iceberg. Prefiro ser montanha – grande, visível, presente na sua totalidade. Na verdade, é bem mais simples e intuitivo do que parece.

Apenas me permito ser racional sem perder a sensibilidade. Então, se aperto a mão de alguém, faço o outro sentir a minha energia; se abraço, transmito calor humano; ao cumprimentar, sorrio e olho nos olhos; quando escrevo, dou vazão ao que estou sentindo naquele momento. Sigo assim o meu caminho, acertando e errando, mas aproveitando cada oportunidade que tenho para passar emoção e trocar sentimentos com as outras pessoas.

Concluo que sou totalmente gente, um ser inacabado e imperfeito, movida a energia, em busca da felicidade, paradoxalmente racional e emotiva, alguém que consegue pensar enquanto sente, e se emocionar, ainda que pense.

ENERGIA *e bom humor*

Outro dia, no trabalho, uma pessoa me disse que admira o fato de eu estar tão bem-humorada logo cedo.

Recebi isso como um elogio, pois de fato acordo bem-humorada na grande maioria dos dias. Faço essa escolha pelo simples fato de tornar mais fácil tudo que tenho de fazer pela frente, pois acredito que a energia que a gente imprime ao que faz é tudo!

Tenho dias bastante corridos, mas vejo nisso oportunidades de fazer minha mente raciocinar de forma ágil. O corpo fica bem cansado, é verdade, mas se a alma está energizada todo o resto tende a acompanhar o ritmo. Então não perco tempo reclamando dos desafios, caio pra dentro!

Durmo pouco e confesso acordar meio sonolenta. Então, sento na cama e a primeira palavra que me vem à cabeça é OBRIGADA. "Obrigada, Deus, pela noite dormida numa cama confortável, por poder acordar sem nenhuma dor, por ter uma família a quem dou bom-dia e um trabalho pra realizar!"

Feito isso, destravo a preguiça e o dia começa a rodar. Não tenho uma vida de comercial de margarina. Ou seja, não vivo numa casa luxuosa, não tenho um carro do último modelo, nem posso me dar ao luxo de não ir trabalhar. Tenho uma vida passível de problemas como a de todo mundo. E, às vezes, eles vêm de turma, tentando abater meu bom humor. Tem que ser ninja pra vencer!

Mas, como disse no início, faço diariamente uma escolha: imprimir energia positiva a tudo que realizo. Deixar boas marcas por onde passo.

Persistentemente *feliz*

Ao contrário do que muitos pensam, para mim, a felicidade não é sina ou predestinação, algo que está escrito apenas no destino de alguns sortudos, mas sim uma escolha.

Todo mundo pode fazer essa escolha, a despeito dos fardos que carrega consigo. E, sendo uma escolha, depositar essa responsabilidade nas mãos de outra pessoa – o que aparentemente seria muito mais fácil – certamente não é a melhor solução a longo prazo.

Fazer uso desse poder de escolha, apesar de todo trabalho que dá, proporciona uma incrível sensação de bem-estar e liberdade, para mim comparável a entrar no mar para um alegre mergulho: lava a alma e fortalece o coração! Se escolhi ser feliz e esta responsabilidade é minha, não há culpados quando algo não dá certo, mas a conquista tem o sabor de um delicioso bolo assado por mim: a de que é possível fazer, de forma simples, algo que posso compartilhar com outras pessoas.

Sendo assim, não espero que alguém me dê bom-dia para que o meu dia seja melhor. Prefiro desejar bom-dia a todos que encontro pelo caminho. É muito simples e funciona, porque o meu dia vai ser bom se eu tiver predisposição para encará-lo assim.

Para ser feliz de forma duradoura é preciso persistentemente fazer essa escolha, ter disposição pra construir cada pedaço da nossa história e muita energia pra lutar por tudo isso!

Felizmente ECLÉTICA

Sou eclética. Gosto de vivenciar diversos tipos de situações e conviver com diferentes tipos de pessoas. Meu coração é sempre aberto a escutar novos sons, ir a novos lugares, experimentar novos sabores, falar novos sotaques, exercitar novas formas de enxergar, sentir novos cheiros, vivenciar novas experiências, fazer novas amizades. Desde que a finalidade seja o bem, creio que tudo tem lá sua atratividade e que as pessoas e as coisas são complementares, e não excludentes entre si.

Assim, circulo em várias tribos diferentes, que mantêm como traço comum apenas serem compostas por pessoas do bem. E, se quer saber, sinto-me verdadeiramente pertencer a todas elas, pois quando estou, por escolha própria, num lugar com as pessoas que nele transitam, mergulho totalmente nesse universo, aproveitando intensamente cada momento.

Adoro ser eclética, pois assim não me torno "samba de uma nota só", o que pra mim seria um tédio. Procuro manter minha alma leve e o meu espírito livre, permitindo-me dançar conforme o meu estado de espírito.

Tenho muito bem resolvido comigo que ter gostos variados não constitui um crime, por isso posso ter várias preferências convivendo pacificamente dentro de mim, sem precisar me descolar da minha essência; afinal, quanto mais cores diferentes tem uma caixa de lápis, mais bonita ela é. Procuro, então, ser uma pessoa simples, ainda que múltipla. Ando de salto ou descalça com igual desenvoltura; já mergulhei e fiz safári; danço funk e forró, canto pop e ouço clássica; tenho amigos católicos, judeus, budistas, ateus e evangélicos; falo "oxe!" com baianos, "tri-legal!" se estou no sul, em Minas falo "trem-bão!", com americanos, "say so good"; frequento castelos suntuosos e humildes palácios; bebo vinho em várias taças e, se precisar, como com a mão.

Sou eclética e feliz. Não me atrai ficar isolada em quadrados. Prefiro transitar entre círculos. Vivo a vida intensamente, com toda a pluralidade que apresenta. Por isso não catalogo pessoas por cores, idades ou religiões, pois, para mim, elas são apenas pessoas, interessantes ou não.

Desenhando com as palavras

Adoro falar figurado! Assim permito que minha mente bata asas, saia do quartinho quadrado e escuro, se espalhando por mares, florestas e cidades.

Pensar e falar sempre no mesmo formato deixa o cérebro com teias de aranha e cheiro de mofo! O pensamento aprisionado fica triste, definhado! Murchinho como maracujá esquecido numa gaveta...

Falar sem se prender sempre às palavras, convencionadas para cada situação, é como desenhar com as expressões, salpicando aqui e ali mais colorido, ênfase e alegria para tornar as conversas mais lúdicas e os dias mais leves!

Quando falo figurativanente, deixo a minha imaginação rolar solta pro lado que bem entender e ela percorre longas distâncias numa velocidade verdadeiramente supersônica!

Pra mim, escrever é abrir o coração, desnudar a alma e se conectar a outras pessoas.

A ESSÊNCIA TRAZIDA DA ORIGEM

Não sou saudosista na essência da palavra. Muito pelo contrário. Adoro viver intensamente o presente! Adapto-me facilmente aonde vou e já fiz umas boas centenas de relacionamentos desde que cheguei a São Paulo. Nos últimos dias, entretanto, estou com saudades de um monte de coisas que me remetem às minhas raízes!

Saudades da minha família, que está em Salvador; do mar que me acostumei a amar e ver de cada esquina desde pequena; saudades de andar descalça na areia; dos churrascos aos domingos depois da praia; de ir à casa da minha mãe; de jogar conversa fora na varanda de minha irmã-comadre, ouvindo o barulho dos sobrinhos correndo... Saudades de estar entre os meus!

Adoro São Paulo, a cidade onde vivo, com todas as qualidades e defeitos que ela tem! Do contrário, se assim não fosse, não seria amor. Independentemente disso, as saudades que sinto me conectam com meu ponto de origem. Lembram-me o tempo inteiro de que, aonde quer que eu vá, tenho uma essência e uma alma baiana, que me enchem de energia e alegria de viver!

Baianíssima

Sempre fui baiana, melhor dizendo, *baianíssima!*

Adoro ter nascido num lugar ensolarado, com sabores e sons bem definidos, mar azul e povo alegre, cuja energia se sente no ar! Tudo isso de certa forma impregnou a minha alma de traços bem marcantes: sou uma pessoa solar, de personalidade intensa, livre como o mar, adoro me aprofundar nos assuntos, sou alegre por natureza e amo ter muita energia pra compartilhar!

Orgulho-me muito de ter nascido na mesma terra de Jorge Amado, Gal Costa, Ruy Barbosa, Castro Alves, Caetano, Elsimar Coutinho, Gilberto Gil e Ivete Sangalo, pessoas tão talentosas, cada uma ao seu modo.

Há coisas, entretanto, tidas como de baiano, que não carrego em mim: não faço nada devagar, odeio a preguiça que Caymmi quis difundir como de um povo e não dele apenas, e sou chamada carinhosamente por minhas filhas de Mamãe.

Ao conhecer, em Beverly Hills, Ricardo Montagnana, um paulistano, que depois viria a ser grande querido meu e de minha família, adquiri automaticamente um apelido totalmente baiano com o qual ninguém antes havia me chamado: Mainha!

Mainha pra lá, Mainha pra cá, essa baiana elétrica, totalmente alta voltagem, que até então era apenas Mamãe, foi mais uma vez chamada às suas origens! Como assim uma baiana que não é Mainha? Se não é Mainha para as suas filhas, que seja Mainha no universo da amizade, nem que seja para sempre ser carinhosamente lembrada como a amiga baiana!

É como diz um velho ditado baianês: "Você sai da Bahia, mas a Bahia não sai de você!".

A alegria de aprender com os outros

Diariamente, somos colocados pela vida frente às mais diversas situações, nas quais temos que exercitar diferentes posturas. Como num grande aprendizado, é preciso, porém, ficar muito atento a cada possibilidade, pois, da mesma forma que nos dá essa oportunidade, a vida não nos permite faltar às aulas, sob pena de termos de vivenciar situações idênticas até aprendermos as lições necessárias.

Cada um tem sua forma de aprender. Eu acredito que para aprender não é necessário sofrer, mas sim ter boa vontade, humildade e alegria. Tenho como tática pessoal aprender através da energia que troco com outras pessoas. Tento, então, conhecer o maior número de pessoas possível e lhes transmitir boas energias, formando com elas uma grande corrente de positividade. Nem sempre é possível, pois o relacionamento é uma via de mão dupla, mas não sofro com isso e tampouco desisto de exercitar.

Sigo assim, tentando dar o meu melhor a cada pessoa que cruza o meu caminho e extrair delas o que têm de melhor para dar, fazendo de cada uma das minhas aulas eventos muito mais emocionantes, especiais e divertidos!

Meu jeito
de lhe dizer

Se tiver que me mandar flores, que seja em vida, porque depois que eu morrer, ainda que as receba, não poderei abraçar o ramalhete junto ao meu corpo e sentir seu delicioso perfume.

Se quer me visitar, que seja agora e não num hospital, onde não poderemos bater papo tomando uma boa garrafa de vinho.

Se for para ser gentil comigo, que seja agora e não apenas quando me encontrar numa situação que desperte sua infinita piedade a ponto de ser amoroso.

Eu não espero que me mandem flores todos os dias, nem que me visitem diariamente ou que as pessoas se desmanchem em gentilezas o tempo todo, apenas pelos meus belos olhos.

Espero que entendam que, quando eu sentir saudades e quiser ver alguém, for amorosa ou fizer pequenas gentilezas, estarei demonstrando o quanto aquela pessoa é importante para mim. Nada além disso. Simples assim.

IMPRESSÕES SOBRE O MUNDO À MINHA VOLTA

De travesseiro na mão

Quem viaja de travesseiro na mão viaja, mas não viaja inteiro. Leva consigo um ponto de contato com sua zona de conforto, como se isso lhe desse a garantia de não sofrer na viagem.

Sai de casa, mas não quer sair da rotina. Viaja pelo mundo, mas não quer se aventurar para conhecer coisas novas. Vai pra Bahia, mas não prova o dendê. Vai a Nova York, mas não anda a pé. Vai à África e não faz safári.

Sempre agarrado ao seu travesseirinho, de aeroporto pra aeroporto, vê tudo e não enxerga quase nada porque deixa de ser viajante pra ser apenas turista.

Pra viajar, às vezes, não é preciso nem sair da própria cidade, mas é essencial gostar de conhecer outros sons, outros cheiros, outras cores, outras pessoas, outros caminhos, outros travesseiros que não apenas os nossos!

Boa viagem a todos!

Viajando no dia a dia

Tenho espírito de viajante... Gosto de olhar os lugares com os olhos de quem quer encontrar algo diferente. Exercito isto diariamente e não apenas quando viajo pra longe de casa. Nisto sou igualzinha à minha mãe: adoro uma novidade!

Sou capaz de passar horas numa loja de miudezas, olhando os detalhes de cada objeto ou conversando animadamente com alguém que acabei de conhecer, trocando figurinhas, falando de lugares, pessoas e histórias de vida.

Gosto de deixar minha mente livre para conhecer! Leio dois ou três livros diferentes em paralelo, observo as pessoas para passar o tempo em lugares lotados, escrevo, desenho, fotografo e ouço todo tipo de músicas, apenas as sintonizando com meu estado de espírito.

Se viajo pra um lugar que ainda não conheço, antes de ir leio bastante sobre o lugar, vejo fotos, me visualizo andando pelas ruas... Quando chego lá, já me sinto local, vou aos lugares que mais me interessam e deixo de ser refém das ciladas dos lugares obviamente turísticos. Não deixo de visitá-los, se me aprouver, mas não vou só por ir. Se vou, é porque vi a chance de me divertir, pois para mim viajar tem o propósito de ser prazeroso.

Cada viajante tem um perfil; há então de descobrir o que mais lhe agradará fazer no destino escolhido. Mas como a grande maioria tem que trabalhar e não pode viver de mala na mão a passeio, resta então aproveitar intensamente a cidade onde mora, descobrindo onde tem o melhor pão, onde se pode ouvir boa música, onde estão os parques mais agradáveis, o melhor ângulo pra ver o pôr do sol, os melhores refúgios, os lugares que contam a história do local...

Se não se pode viajar o ano inteiro, que se viaje diariamente, desbravando o cotidiano, que pode nos reservar deliciosas surpresas no simples virar de uma esquina. Essa viagem não precisa de malas, passagens ou reservas de hotéis, basta apenas deixar a mente livre, os sentidos alerta e o coração aberto pra acontecer!

Intensamente viva!

Coisa estranha essa loucura de ir aplicando coisas no rosto para congelar o tempo... Você olha para as pessoas num evento e conclui que alguns rostos parecem feitos de gesso, outros, de massa de modelar, plástico rígido ou coisa que o valha. Pessoas que não franzem a testa nem por decreto e não têm nenhum controle sobre os movimentos da boca, que mais parecem babados engomados! Tristes rostos feitos em série, bronzeados artificialmente numa cor de carne de feijoada, emoldurados por cabelos igualmente artificiais e loiros.

Não adianta congelar o rosto se o espírito não tem brilho e a alma não tem energia! Há de se ter mais a oferecer do que uma casca engessada, porque máscaras bonitas não transmitem nada além de insegurança.

Pare a espaçonave que eu quero descer!

Onde estão os rostos com covinhas, ruguinhas de expressão, movimentos na testa e nas bochechas? Rostos elásticos, de pessoas que vivem de verdade, choram, beijam, riem, gargalham, sentem dor e expressam alegria?

Convivo muito bem com as minhas rugas de expressão, pois elas são as digitais da minha alma. Nelas estão registrados todos os momentos que vivi intensamente: os desafios que enfrentei, as conquistas que alcancei, minhas conversas íntimas com Deus, as horas que esperei por algum acontecimento importante, as boas surpresas que me aconteceram, os encontros que tive, as lágrimas que derramei, motivadas ou em vão, as noites que passei escrevendo, todas as fraldas e beijos trocados nas madrugadas, minhas alegria em cada viagem realizada, todas as caretas de medo e as boas gargalhadas dadas por mim.

Sempre fui conhecida por ser muito expressiva, deixando transparecer no rosto o que sentia na alma. Por isso, não penso em usar artifícios para esconder minhas marcas de expressão, fazendo de conta não ter vivido tudo que vivi até aqui.

Sou uma mulher experiente e cheia de energia, que aproveita intensamente o presente e procura acompanhar as mudanças do seu tempo, mantendo a alma sempre jovem. O que sou hoje, entretanto, é a soma de tudo que já passei, por isso, amo as minhas rugas. Elas demonstram, antes de tudo, que estou muito bem viva, obrigada! Graças a Deus!

Sobre a importância de celebrar

É certo que a vida com dinheiro pode ser muito prazerosa, dada a variedade de confortos materiais que ele proporciona. Tenho absoluta certeza, porém, que para ter uma vida feliz não precisamos necessariamente de dinheiro, do contrário não haveria um só rico infeliz.

Acredito que para ter uma vida feliz é essencial, sim, cultivar bons relacionamentos, estabelecer laços de afeto e celebrar, sempre que possível, os bons momentos. É certo que os dias são agitados e temos vários interesses que, muitas vezes, nos jogam para longe dos nossos queridos. Isso é um fato que temos de administrar. Mas a vida tem que ser celebrada, no seu dia a dia. Não há como escapar disso se quisermos ter uma vida feliz!

E quando digo celebrar a vida não me refiro a fazer festas em ocasiões específicas. Falo de celebrar os bons encontros, ao longo do caminho; em dar atenção especial a quem merece; em estar presente nos momentos que importam; em vibrar com as alegrias dos outros; em compartilhar nossas alegrias com os queridos!

Para celebrar é preciso criar momentos especiais ao invés de esperar por eles, pois quem passa a vida fantasiando a chegada de grandes oportunidades perde tempo. E para finalizar, quem não encontra os seus queridos para celebrar a vida está sujeito a só fazê-lo nas ocasiões tristes, em corredores de hospitais ou cemitérios.

A vida não anuncia previamente quando sairá de cena, caros amigos!

Celebremos, pois!

Tem que ter gás e sabor

Há pessoas que têm verdadeira obsessão por saber a idade, o peso, o salário das outras. Inúteis informações! Quanto eu peso não vai lhe fazer mais magra; quanto eu ganho não vai lhe possibilitar gastar mais ou menos e quantos anos eu tenho não lhe fará mais jovem ou mais velha que eu!

As pessoas que têm essa obsessão geralmente são mais gordas do que queriam ser, ganham menos do que desejavam e não têm energia suficiente para ser jovens por mais de 20 anos!

Nasceram pré-datadas e suas datas de validade estão presas a seus hábitos quadrados, suas piadas sempre iguais, suas conversas de conteúdo sofrível e seus preconceitos velados sob uma falsa modernidade.

Tranquilidade na cabeça, meu povo! Estou tão acima do peso quanto pareço e tenho exatamente a idade que a minha energia transmite. Mas creiam: sou feliz assim!

Resumo tudo isso numa frase de Jô Soares: "Existem somente duas idades, vivo ou morto". Naturalmente, já escolhi a minha, pois não basta ser refrigerante, tem que ter gás e sabor!

Sonhos verdadeiros

Coisa boa é ver alguém determinado, correndo atrás de um sonho, perseguindo-o com firmeza até ele se cansar e virar realidade, pois se não for assim fica muito abstrato e inconsistente, descambando para a utopia...

Para fazer essa corrida, entretanto, há de se ter muita disciplina, coragem e obstinação. Do contrário, ao aparecer a primeira dificuldade – sim, elas aparecem – a gente se acovarda e desiste de sonhar. Um grande sonho, na minha opinião, não deve ser muito fácil de ser alcançado, mas deve ser sedutor o suficiente para a gente se motivar a desejá-lo e ser arrancada da quentinha zona de conforto para persegui-lo, com ideia fixa de tanto pensar em como e quando realizá-lo.

Aí, lá na frente, quando a gente sentar e olhar pra trás, vendo todo o caminho que percorreu, toda a força que empregou e toda a energia que canalizou pra conseguir realizar, o coração será tomado de uma alegria de sabor especial, capaz de gerar tanta endorfina que a gente logo imaginará outras coisas boas pra sonhar ainda mais alto!

O poder *da energia*

Pessoas de bem atraem pessoas de bem!

Temos o poder de atrair pessoas com idêntica energia à que emitimos. É uma atração poderosa e inevitável!

Se você não está recebendo a energia que esperava, observe aquilo que está emitindo.

Se não pode mudar o vento, mude a sua posição em relação a ele. O mesmo vento que varre cidades é o que gera energia com sua força.

Canalize a sua energia de forma positiva e faça o vento soprar a favor do bem.

Nunca fui famosa, mas acho que deve ser muito bom!
Nunca fui rica, mas imagino que deve ser muito bom!
Sempre fui muito amada e posso afirmar
com absoluta certeza que isto
é muuuuito melhor do que qualquer outra coisa!
É www.sensacional.com.br!!!

O mergulho essencial

Às vezes é preciso abrir o coração e mergulhar fundo dentro da gente para falar com Deus. É como sair da muvuca de uma praia lotada e mergulhar no mar para encontrar o que há debaixo da superfície.

Nem sempre isso é muito fácil. Muitos são os apelos para que permaneçamos na praia: as ondas que beijam nosso corpo, o Sol que o aquece, o vento soprando os cabelos, a bola rolando na areia, as pessoas à nossa volta...

Ao sair da arrebentação e mergulhar, entretanto, ficamos frente a frente com Deus, peixes, algas e pedras de várias formas e cores.

Nesse lugar tão profundo, descobrimos Deus, com quem não adianta falar da forma convencional que usamos para nos comunicar com todos os outros. Temos de nos desprender, deixar o coração fluir livre e encontrar outras formas de nos conectar para conversar de coração para coração. Feito isso, é hora de rezar e pedir sabedoria e proteção para voltarmos mais fortalecidos à praia.

É, às vezes é preciso sair da superfície para ver além do óbvio, encontrar a paz e mudar de rumo em direção à felicidade!

Uma pessoa comum

Quem me vê sorrindo e pensa que eu não tenho problemas está esfericamente enganado. Sou uma pessoa absolutamente normal. A minha essência, entretanto, sempre vibrante, não me permite ficar triste por muito tempo, posto que, devido à minha intensidade e transparência, isso logo se faz notar e sou extremamente cobrada para demonstrar felicidade e distribuir alegria, como se fosse... o Bozo!

Aos que pensam que é impossível ter tanto vigor, minhas sinceras desculpas. Sou mesmo um trio elétrico de alta voltagem. Não que isso seja sempre bom, pois, ainda que prazeroso, por vezes é bastante cansativo! Mas, o que fazer com tanta energia latente, senão compartilhá-la?

Aos que acham que tenho muita sorte, uma notícia: existe também muito esforço e trabalho árduo por detrás de coisas que, aparentemente, dão certo num estalar de dedos. E também muitos fracassos em coisas que para os outros seriam sucesso na certa. Mas quem quer saber de gente que só lamenta o insucesso de suas empreitadas?

Aos que me acham fraca quando choro, uma dica: as lágrimas fazem bem para a alma e para a saúde do corpo. Muitas vezes choro de raiva ou tristeza, e prefiro deixá-las sair de mim com as lágrimas do que guardá-las, alimentando maiores rancores e desalentos crônicos. Saibam ainda que o fato de chorar em público demonstra a minha coragem de ser humana, vejam só que ótica maluca!

Aos que pensam que sou a Mulher-Maravilha, saibam que às vezes estou só a capa, pois o traje completo pesa bastante. Então, de vez em quando erro, caio, apanho, levanto e trato de sair voando, porque quem quer saber de histórias de super-heróis que não sabem voar?

Aos que pensam que sou gentil apenas para jogar para a torcida, saibam que esse é de verdade meu mantra pessoal. Adoro trocar gentilezas, detesto grosserias gratuitas. Mas também sei ser durona quando preciso.

Aos que me acham osso duro de roer, sou sim. Só entrego o filé da minha amizade a quem se mostra disposto a roer o osso comigo, a quem demonstra ser de confiança, tanto quanto eu sou a quem pode ser firme, mas nem por isso vai querer me pisar ou me passar pra trás no primeiro lance.

Finalmente, sou intensa, durona, molenga, chorona, raivosa, hiperativa, energética, cansativa, produtiva, desesperada, calma... um verdadeiro paradoxo ambulante! Mas tenham também em mente: não furo a bola de ninguém, nem faço nada em que não acredite apenas para passar uma boa imagem! Sou o que sou, este balaio de gatos, com minhas virtudes e defeitos, às vezes mais transparentes, às vezes mais disfarçados – assim como você.

E antes que se antecipem, se dizendo incomodados com uns ou com outros, saibam que nem tudo em vocês agrada aos demais. Eu procuro relevar esses detalhes, me concentrando no que as pessoas têm de bom, pois esse é o grande barato! Que tal fazer o mesmo?

Os pratos
nossos de cada dia

Muitos livros de autoajuda já foram escritos, a maioria deles tentando fazer com que as pessoas se relacionem melhor com o mundo a sua volta.

Mas o que é mesmo esse tal "relacionamento com o mundo a sua volta", que gera assunto pra tantos livros, palestras e conversas de botequim? Existirá realmente uma fórmula a ser seguida por todos, de forma ampla, geral e irrestrita?

O que é melhor para mim é necessariamente melhor para você e, consequentemente, para nós? Certamente que não, pois somos tão diferentes em tantas coisas! Qual será, então, a receita para a gente conviver melhor? Ou seriam várias receitas para as várias situações nas quais nos relacionamos?

A minha humilde conclusão é que não há receita, pois, assim como o sal e o açúcar, existem ingredientes que funcionam muito bem para alguns pratos e se tornam totalmente inadequados pra outros. O que fazemos nós, então, diante da diversidade de ingredientes que cada um traz em seu armário, tão desejosos de virarem pratos?

Acho que o melhor a fazer é preservar a qualidade dos ingredientes que resolvemos guardar, zelar para que estejam sempre dentro do prazo de validade e lembrar que muitos pratos deliciosos são compostos de ingredientes simples, que o diferencial entre um prato bem elaborado e um prato delicioso é o cuidado e o amor com que misturamos tudo e o oferecemos ao outro. Ou seja, no final das contas, o que menos vai importar é o que juntamos na panela, mas, sim, como fazemos dos ingredientes que temos o mais saboroso prato de todos os tempos!

Caldeirão de gente

Para quem gosta de observar pessoas, uma cidade grande é um terreno vasto de oportunidades. Nunca fui à Índia pra conferir, mas em São Paulo a quantidade de pessoas em determinados locais beira Carnaval em Salvador! É um ir e vir que não acaba nunca! Passa velho, passa menino, negão, loirinha, homem de cabelo comprido, mulher de cabeça raspada, judeu ortodoxo, padre católico, coroa de minissaia, menina de vestido no pé! Passa gatinha de botas, gatão pé-de-chinelo, homem de cabelo azul, mulher com cabelo vermelho, tingido com água de salsicha, gordinha de animal print, magrinha sem maquiagem, executivo de pasta na mão, ambulante com cobra no pescoço!

Aqui tem de tudo muito e todo estilo é perfeitamente normal e bem-vindo! Então, se tiver vontade, deixe aflorar seu estilo próprio: use, rasgue, pinte, remende, desça do salto, vista pelo avesso, arraste o sari no mercado, saia do armário, use o fraque no shopping, banque a doida, vá de perua, deixe falar... Numa cidade tão grande e tão complexa, miscigenação é a palavra de ordem. O negócio é ser feliz do jeito que se é!

Frente a frente com Batman

Entrei no trem por volta das sete da noite, voltando para casa e, como sempre faço, fiquei discretamente observando as pessoas à minha volta. Numa dessas olhadas de canto de olho, para não ser invasiva demais, me deparo com um rapaz magrinho, com a compleição física de uma salsicha, vestido de preto dos sapatos à cabeça. Até aí, tudo normal, porque se tem lugar em que se gosta de roupa preta, esse lugar é São Paulo. Os únicos detalhes que saltavam aos olhos eram um broche amarelo, no formato das asas do Batman, e o pingente na correntinha idem.

Pensando na vida, olhos vagando pra lá e pra cá, olho novamente o tal rapaz e percebo que ele também tem um, dois, melhor, três anéis com símbolos idênticos, mais umas pulseirinhas no mesmo tema. E o que dizer do cinto, cuja fivela era nada mais nada menos que o símbolo do Homem Morcego?

A essa altura, já com aflição por não conseguir olhar para nenhum outro lugar, aproveito que Batman tira um cochilo e disseco a sua figura: mochila preta, repleta de broches – do Batman, é claro –, tênis pintado com asas amarelas do morcego, brinquinhos do mesmo modelo nas orelhas.

Fecho e abro os olhos rapidamente, como que para acordar de um sonho, e reflito: santa coincidência, Batman! Eu e você no mesmo vagão de trem! Nada de mal poderá me acontecer sob a sua proteção!

Passam-se mais duas estações e me preparo para descer. Ainda sonolento, Batman olha para mim e eu me mato de vontade de dizer: "Boa-noite, Batman!". Controlo minha vontade, pois concluo que não sou a Mulher--Gato. Eu e Batman nos entreolhamos, então pela última vez.

Abre-se a porta e desço direto de Gotham City para a vida real. Santa volta para casa!

Bolachinhas de água e sal

Tem pessoas que se acham "as tais"! Julgam-se belíssimas, atraentíssimas, supergatas! Às vezes, até são. Ou são assim como bolachas de água e sal, em bonitos pacotes: quadradinhas e perfeitas, parecem até crocantes e gostosinhas, mas lhes falta sabor.

Passam a vida toda ouvindo elogios à sua casca e acreditam que só isso lhes basta para a vida. Esquecem de desenvolver outras habilidades, como a simpatia e a gentileza.

Assim, acuadas dentro de suas embalagens bonitas, quando confrontadas com outras bolachinhas, descobrem que não são as únicas da prateleira.

Mas continuam no seu mundinho aparentemente incrível, amuadinhas no canto da balada-prateleira, rezando pra um simples café com leite lhes tirar desse sufoco!

Então, fica a dica: para ser atraente de verdade, não basta ser apenas bonitinha e crocante; tem que ter é sabor diferenciado!

A nobreza fabricada
e a nobreza real

Sempre observando o mundo à minha volta, vejo muitas pessoas preocupadas em acumular títulos escolares, hoje equivalentes aos títulos de nobreza das antigas cortes. E como os títulos são razoavelmente valorizados, é quase imperioso possuí-los. É a corrida do ouro dos tempos modernos!

Seguindo ainda o paralelo traçado, observo, entretanto, que nem todo título perseguido é tão valioso quanto parece, e que nem todo aspirante a nobre está genuinamente preparado para sê-lo. Vivemos numa era de fabricação de imagens em série, onde nem sempre importa o que você aprendeu, mas o que e onde cursou. Falei cursou, porque vejo muita gente comparecendo a dezenas de cursos, sem estudar verdadeiramente em nenhum deles, apenas querendo aumentar o baú de títulos e virar nobre mais rapidamente.

A despeito de tudo isso, vale ressaltar que os verdadeiros nobres sempre existirão. Diferentes dos demais, preocupados apenas em acumular títulos, os nobres genuínos se preocupam em absorver conteúdo, conhecimentos sobre a vida, sobre o mundo e, principalmente, sobre as outras pessoas. Não têm um peito coberto de medalhas, uma parede repleta de diplomas, e sim a alma repleta de vivências, que lhes permite transitar entre vários públicos com simplicidade, elegância, gentileza e desenvoltura.

Ouso ainda dizer que a verdadeira nobreza transcende títulos, pois a nobreza fabricada artificialmente sempre existiu e sempre existirá, mas nunca foi verdadeiramente valorizada no mundo do faz de conta e, muito menos, no mundo real.

Mãe-Maravilha

Nem sempre é fácil ser mãe! Depois de vendermos aos filhos a falsa ideia de que somos um misto de santa, protetora, psicóloga, apaziguadora, invencível heroína, salvadora e defensora, paciente, à prova de fogo e à prova d'água, verdadeira Mulher-Maravilha, deparamo-nos com a dura realidade de que somos apenas pessoas!

E como mortais que somos, temos de admitir: erramos, pecamos, sentimos insegurança, choramos de raiva, esbravejamos, batemos portas, guardamos o manto e mostramos nosso lado B!

Amar é tarefa trabalhosa! É preciso ter boa vontade, paciência, resiliência e humildade! É preciso ser gente de verdade.

Ainda bem que os filhos também são pessoas. Isso torna a todos mais fácil a tarefa de se olhar no espelho e concluir que não existem santos nem demônios, apenas mães e filhos.

Que prevaleçam o amor e a compreensão!

Linda, leve, solta e humilde!

Era verão entre o Farol e o Porto da Barra, e a brisa chamava pra andar na calçada, livre, leve e linda! Como ficar em casa, em plena adolescência, bronzeadíssima e de roupa trincando de nova, louca para desfilar?

Pois bem, minha mãe cantou a bola que faltava: "Vá até a loja tal no Porto da Barra e compre dois tamanquinhos Hipopótamo (última moda na época)". Não ouse achar o nome ridículo... Moda é moda: já é criada pra ser ultrapassada.

Segue a história: vesti uma roupa novíssima, calça rosa-bebê, blusa floral azul-bebê e tamanquinhos (tô falando que era moda!), fui e voltei desfilando minha então silhueta de sílfide. Sim, amores: já fui magrinha, magérrima, gisélica!

Verão, ruas cheias, pessoas felizes de férias. Delícia andar na beira do mar! Então, se tinha que ir, que fosse desfilando! Passava por uns grupinhos e ouvia o cochicho: "Olha só essa morena!"; "Que gatinha!".

Você me desculpe, mas se mulher feita já gosta de elogio, calcule uma adolescente com os hormônios em looping! Quanto mais ouvia o burburinho, mais sinuoso ficava meu rebolado!

Cheguei em casa, entreguei rápido os tamancos pra minha mãe e corri para o banheiro, onde havia um enorme espelho de cristal pra verificar o charme, que estava dando tanto burburinho ao passar! Olhei de frente: pele bronzeada, cabelos dourados de sol, blusa linda, calça idem. "Nossa! Tô bem mesmo, hoje!"

Sacudo os cabelos longos e me viro, como modelo em propaganda de xampu, pra dar aquela olhada básica de mulher no espelho! Quando miro a preferência nacional, concluo rapidamente o motivo de tantos comentários: minha linda calça rosa-bebê estava descosturada, do cós a perder de vista! Meu Deus! Queria sumir, queria morrer, queria fazer sumir meu corpo, tamanho o sofrimento ao relembrar o mico, que hoje me rende esta história real!

Pelo menos uma lição aprendi: nada como um rápido choque de realidade para deixar a gente bem humilde novamente!

E que atire a primeira pedra quem nunca padeceu de um vexame!

Rir
é o único remédio!

Mais uma história real, da série "Rainha da Micolândia". Seis e meia da tarde, nós todas na porta da escola, esperando nossos amados pais virem nos buscar. Colégio centenário de freiras, repleto de árvores frondosas na porta, na hora de uma ir embora era um alvoroço só! Como típicas adolescentes que éramos, parecia que nunca mais nos reencontraríamos, nem nesta vida nem nas próximas sete reencarnações. Muitos beijos e abraços sem fim! Mas, naquela época não existia celular (dá pra imaginar isso?), e meu pai, que não estava lá muito a fim de esperar nossas longas despedidas, avisou: "Quando for lhe pegar hoje, ande logo, não fique lá conversando a vida toda!".

Corta de novo para a porta da escola. Olho para a frente e vejo, na rua meio escura, a Brasília marrom chocolate, zero km e sem placa, do meu pai! Saio correndo, lembrando das recomendações de mais cedo, entro no carro e fico aguardando ele dar a partida.

Olho novamente para a porta da escola, para dar o último adeus (porque adolescente é dramático), e vejo minhas colegas apontando para o carro e tendo crises de riso! Achei aquilo um absurdo! Nem esperaram eu sair e já estavam rindo de mim! Comentei com meu pai: "Olhe pra isso! Nem bem saí, estão rindo às minhas custas! Amanhã, elas vão ver só!".

Nisso, ouço uma voz vinda do além – digo, do lado do motorista –, uma voz que não era a do meu pai, dizendo a seguinte frase: "Senhorita, fique calma, fique bem tranquila, não vai lhe acontecer nada de mal, mas você não entrou em carro errado? É que eu podia ser um marginal, um tarado e arrastar o carro com você dentro!".

PA-RA-LI-SEI! Não sei se de medo ou de vergonha! Não consegui pensar em nada, só vislumbrar minhas queridas colegas na porta da escola se matando de rir! Juliana Klose, hoje médica, segurava a barriga de tanto gargalhar! Amarilis, CDF e hoje igualmente médica, tapava a boca incrédula, e Ana Cristina do Espírito Santo, que sempre foi boba para rir, estava à beira de um infarto precoce! E eu? Bem, eu estava num carrossel de sensações, pedindo a Deus que jogasse um pó de pirlimpimpim em mim, para eu evaporar dali sem deixar rastro!

Quando consegui me refazer do susto, entre mil "Ai, minha Nossa Senhora!" e "Desculpe, moço!", derrubei todos os livros no assoalho do carro e não sabia se catava ou largava eles ali e saía correndo em direção ao Muro das Lamentações, para chorar minha vergonha em lugar mais nobre! Respirei cachorrinho e consegui catar os livros, pedir desculpas e abrir a porta! Ao ficar de pé, notei que ao lado da porta, segurando firme na maçaneta, havia uma mulher, provavelmente a esposa do tal homem, com uma cara de "Sou ciumenta, possessiva e violenta", apenas aguardando minha saída! No mínimo, pensou que o marido tinha tara por colegiais de uniforme! Ergui a cabeça com o resto de dignidade que me sobrava, e olhando firme pra ela, antes de correr, é claro, disse: "Hahaha! Entrei em carro errado!".

É dispensável dizer que fui motivo de tiração de sarro nos dias seguintes na escola! Minhas adoráveis colegas se encarregaram de contar o mico para todos os professores! Ao chegar atrasada na aula de Biologia do Prof. Jayme, ouço a seguinte frase: "Pooooode entrar, Conceição! Você está na sala certa! Ao contrário de ontem, quando entrou em carro errado!". Dez minutos de incontroláveis gargalhadas até ele retomar a aula! Quem queria saber de mitocôndrias a uma altura dessas?

Delícia de feira noturna

Terça-feira é dia de feira noturna perto da minha casa.
Quem nunca foi a uma não faz ideia do que está perdendo! Logo eu, que nunca fui devota fervorosa daquele ambiente cheio de barracas, tive que me render: feira em São Paulo é "mara"! Noturna então, sem o calor para deteriorar as lindas frutas expostas, é tudo de bom!
Há ainda a estrela da feira: o pastel! Quase uma entidade, ele tem seguidores cativos ao redor de suas barracas. E não importa qual a classe social, todos o devoram com igual satisfação e alegria, acompanhado de caldo de cana!
Pra completar tudo isso, muitas dessas feiras trazem outras surpresas gastronômicas, tais como: doces portugueses, comida japonesa, biscoitos de polvilho, comida italiana, goiabada cascão e queijos finos!
É uma delícia transitar entre as barracas e sentir o cheiro das guloseimas e o som das centenas de conversas no ar, entre uma mordida e outra!
Mais uma vez eu digo: o grande barato de morar fora é aproveitar as delícias locais. Em Roma, como os romanos. Em Sampa, ôrra meu!

As mudanças que esperamos que o outro faça por nós

O mundo não muda se cada um de nós não mudar! Não adianta deixar pra depois. O hoje escorre rápido como suor no corpo dos atletas! O amanhã está por vir, queira Deus para nós também, mas o presente nos grita, apressado: "A mudança está dentro de você e não dentro dos outros!". Então, há coisas que é melhor começar já, para que o futuro renasça livre da poeira dos velhos hábitos, que não nos acrescentam nada além de alergia na alma.

Para o dia nascer feliz é preciso ter coragem de ser feliz, vestir roupa nova na alma e se desfazer dos preconceitos cobertos de teias de aranha, da reumática preguiça e do medo engessante. É indispensável ser capaz de demonstrar afeto sem medo de parecer bobo e acreditar que somos capazes de fazer muito melhor do que já fazemos, porque enquanto permanecermos inertes o mundo continuará girando sem parar. Não há tempo para corpo mole, dúvidas ou indecisões eternas. A hora de ser feliz é agora!

Por isso, deixe de bobagem, orgulho e frescura e diga logo àquela pessoa o quanto ela é importante para você. Beije, abrace e telefone para quem gosta. Dê o primeiro passo para terminar aquela briga que nem se lembram mais porque começou. Cometa erros, mas peça sinceras desculpas; ajude sem esperar nenhuma vantagem em troca; aceite que o outro também tenha defeitos, diferentes dos seus, pois se fossem iguais você não os encararia como defeitos, e seja gentil, pois o mundo precisa de muito mais pessoas assim, que pratiquem delicadeza e simpatia!

Há muita coisa a fazer para mudar o mundo, mas não dá para fazer tudo sozinho nem jogar essa responsabilidade para os outros. Comecemos nós, então, a fazer o nosso melhor!

É essencial acreditar que é possível começar por nós mesmos, de forma a contagiar positivamente os outros com as nossas atitudes, e não com as nossas lamentações, pois lamúrias não mudam o mundo. O que muda o mundo é nossa energia positiva!

Pedra que não rola cria limo

Toda mudança pressupõe movimento, troca de posição, alteração de status. É assim na troca de guarda da rainha da Inglaterra, na eleição de um Papa, na mudança de uma casa...

Ainda que nem sempre chamada por nós, a mudança é espaçosa e nunca chega só, traz consigo muitos ventos para balançar nossos cabelos, arejar os pensamentos e tirar a poeira das ideias. Traz ainda interrogações, dúvidas e questionamentos, que nos impelem a rever antigas posições. De gênio forte e indomável, ela não vem para deixar tudo simplesmente como está. Vem para abalar Paris, para obrigar a gente a refazer planos, para ensinar a rever conceitos e a se reinventar, quantas vezes isso for necessário.

Ao longo da minha vida, aprendi que o mais inteligente é não resistir à mudança ou torcer para que ela não aconteça, pois nem sempre será possível sermos atendidos. Aprendi também que, depois que ela chega, balançando vigorosamente a rede e misturando todos os papéis sobre a mesa, sobrarão não necessariamente os que eram mais fortes, mas, certamente, os que foram flexíveis para acompanhar seu curso, com fé em Deus, serenidade, paciência e bom humor.

A arte de explorar
o melhor de si

Todo mundo tem múltiplos talentos. Basta olhar pra dentro de si, ouvir sua intuição e seguir seu coração, pois cada pessoa tem sua bagagem pessoal e intransferível e a soma dessa bagagem à sua personalidade e aos seus talentos a faz única em comparação às demais.

Sou fã das pessoas que exploram seus talentos e fazem bolos deliciosos, misturam cores como ninguém, escrevem canções inesquecíveis, costuram roupas maravilhosas! Essas pessoas não perdem seu tempo copiando outras, pois têm muita criatividade pulsando dentro de si. Então, há muito a fazer para materializar todas as suas ideias!

As pessoas que investem nos seus talentos, não se conformam em ser cópias baratas de um perfume caro, preferem ser fragrâncias originais.

Elas criam suas próprias receitas, cozinham sem livros, costuram sem moldes, tocam música de ouvido, são estrelas ao invés de satélites.

Todo mundo tem talentos próprios e é capaz de criar coisas bem bacanas, mas somente quem explora os seus melhores talentos é capaz de criar, inventar, reinventar e se transformar no que quiser, a qualquer tempo.

Cabe a cada pessoa descobrir as melhores formas de se expressar para o mundo e explorar tudo isso com amor e disciplina, pois, um dia, o mundo toma consciência de que nenhuma pessoa é artista de um talento só e que talento não é coisa excludente, muito pelo contrário: quanto mais talentos se exploram, mais talentos se acumulam, a ponto de transbordar como enchente, tocando o coração de outros!

O vento do novo e a resiliência da fé

A vida tem lá suas surpresas. Umas boas, outras nem tanto... Algumas ansiosamente esperadas, outras ardorosamente tangidas do pensamento, como se assim pudéssemos delas manter distância. Não depende de nós, entretanto, escolher se vamos passar por elas ou não.

Assim, você está caminhando tranquilo, portando seus air bags e cintos de segurança emocionais, aí dobra uma esquina e se depara com o sopro, melhor dizendo, o vendaval do novo. Soprando forte, ele balança os coqueiros do coração, desarruma nossas zonas de conforto, desconstrói conceitos, desassossega a alma e nos dá lentes novas pra ver o velho mundo.

Nem sempre é fácil ficar de pé em meio a um vendaval, mas quando a gente tem fé em Deus, depois que o vento passa – pois tudo um dia passa – a sensação que fica é de que o coqueiro dobrou para não quebrar.

Eu entreguei o meu coqueiro a Deus e sei que ele não se quebrará. O nome disso é fé e é ela que fará a minha alma se sentir refrescada quando passar o vendaval. Como diria um velho provérbio crioulo: "O que a tempestade lhe trouxe o vento levará". Assim seja, pois estou com Deus!

Seja positivo;
esbanje energia;
exercite sorrir várias vezes por dia;
veja o lado bom das coisas;
beije e abrace as pessoas queridas;
tenha mais paciência;
peça desculpas e saiba desculpar;
cultive o alto astral;
goste de gente
e repita todo dia de manhã:
"Eu sou feliz! Obrigada, Deus!".

Volta às origens

Voltar à cidade onde a gente nasceu é voltar às origens. Circular pelas ruas, cumprimentar velhos conhecidos, estar em meio à família, provar sabores e sentir aromas arquivados na memória afetiva é essencial!

Por melhor que seja o lugar onde estejamos, e por pior que seja o nosso local de origem, essa viagem é que nos mantém conectados à realidade e à nossa verdadeira essência.

Tomar sorvete de pitanga, coco-verde, tapioca, ameixa e mangaba na sorveteria da Barra; beber água de coco geladinha na praia; nadar nas águas transparentes das piscininhas naturais; sentir o cheirinho do mar, trazido pela brisa, e ao mesmo tempo o calor do sol; ver o marzão azul e lisinho de longe e de perto; comer acarajé com vatapá e camarão no Farol da Barra ao pôr do sol; rever queridos, fazer novos amigos e abraçar a família toda: isso tudo parece muito simples, mas é tudo simplesmente uma delícia! Graças a Deus!

Voltar a Salvador e reencontrar seu mar azul, seus sabores deliciosos e seu povo hospitaleiro, conecta-me à minha essência.

Viva São João!

Saudades de minhas raízes nordestinas... Adoro São Paulo, mas devo confessar que guardo certa nostalgia dos tempos que reuníamos toda a família na casa dos meus avós maternos para festejar São João, na noite de 23 para 24 de junho.

A cidade de Senhor do Bonfim, no interior da Bahia, toda colorida de bandeirolas; as luzes dos fogos de artifício; a guerra de espadas; as risadas na varanda; a fogueira enorme queimando na porta; o som do forró pé-de-serra como pano de fundo e a gente dançando coladinhos no meio da praça, como se estivéssemos num baile particular!

Saudades de minha mãe, mexendo durante toda a tarde a canjica, dos bolos de milho-verde de tia Vera, do jenipapo cristalizado... Fecho os olhos e sou capaz de sentir novamente todos esses cheiros e sabores, ver a mesa farta, cheia de comidas deliciosas e licores de múltiplos sabores!

Tão maravilhosos aqueles dias, ansiosamente esperados por todos... Dias que ficarão no nosso coração para sempre, como combustível para os dias comuns.

Muitas vidas cruzam a nossa.
Como as cores de uma paleta de pintura,
a cada encontro um novo tom se forma,
a cada tom, uma possibilidade de ser feliz
de uma forma diferente.

O chuchu-vai-com-os-outros

A diferença entre o camarão e o chuchu é que um tem sabor original, o outro assume o sabor do que acompanha.

Chuchu com camarão tem gosto de camarão; com abóbora tem gosto de abóbora; com abacaxi, gosto de abacaxi... Em infinitas combinações, é sempre ele que cede pra que o outro ingrediente se destaque. Assim, passa o tempo todo, tentando ser o que não é, pra ficar bonito no almoço.

No final do dia, porém, o chuchu teve gosto de tudo e não teve gosto de nada. Morreu chuchu, tentando agradar a todos os paladares.

O LADO B E SEUS ANTÍDOTOS

Por melhores e mais convincentes
que sejam as suas desculpas
para cometer atitudes ou omissões
que prejudiquem o caminho de outras pessoas,
mais cedo ou mais tarde
tudo retornará a você
e lhe será cobrado um dia,
pois não há nada que funcione
tão perfeitamente nesta vida
quanto a lei do retorno.
Não tem como fugir
do preço das nossas atitudes.
O Universo não para de conspirar para isso.

Ter razão ou ser feliz

Divergir de opiniões é compreensível, faz parte da natureza humana. Já, discutir é aborrecido, cansativo e muito chato. As guerras não começam em opiniões divergentes, mas em discussões inúteis, intolerância, incapacidade de escutar a quem a gente reclama de não saber ouvir.

Eu não quero ter razão, prefiro ser feliz! E quem quiser ser dono da razão que fique com ela. Ser dono da razão é igual a ser dono da verdade: ilusório, relativo e passageiro, pois a razão não suporta ser aprisionada. De espírito livre e volúvel, quer sempre trocar de companhia.

Que Deus me mantenha em equilíbrio e com paz de espírito. E que me faça incansável na árdua missão de me retirar das discussões inúteis, mesmo quando for atiçada a estar dentro delas!

Ter razão ou ser feliz... Vou ficar com a segunda opção. E quem quiser que se abrace à outra!

O lado A
e o lado B

A gente pode ser imperfeito em meio à perfeição, otimista em meio ao pessimismo e persistente em meio aos piores desafios, mas não pode ser feliz em meio à intolerância, pois ela mina a confiança, base de tudo de bom que se possa construir em parceria com outras pessoas.

Quando confio que posso ser eu mesma, sem estar sujeita a um julgamento implacável, entendo que você também possa fazer o mesmo em relação a mim, posto que ambos temos nossos lados A e B, convivendo em paralelo.

Depois de alguns anos de vida, aprendi, dentre outras coisas, que esses dois lados compõem o nosso todo e que vale muito mais a pena valorizar o lado A do outro e aceitar o seu B, inevitavelmente parte do kit, do que ser intolerante com qualquer diferença ou aparente imperfeição. Mesmo porque aquilo que para mim é defeito de fábrica para você pode ser um tão sonhado plus, e vice-versa.

Aprendi também que ninguém muda radicalmente sua essência. Você pode passar anos disfarçando, a ponto de fazer muitos acreditarem que sublimou totalmente seu lado B em prol de uma imagem puramente A, mas isso não é factível ou sustentável a longo prazo, nem mesmo faz parte da natureza humana, diria.

Façamos então um pacto, em nome da boa convivência: respeitemos os nossos dois lados e joguemos fora as máscaras da perfeição fantasiosa. Encaremos de frente nossos monstros, você os meus e eu os seus. Isso é tão complexo que precisa ser visto de forma simples: você é uma pessoa e eu sou outra, cada uma com sua personalidade, suas crenças e bagagens. Nem melhor, nem pior, muito menos igual. Isso é pessoal, intransferível e imutável. Aceitemos então esse fato com boa vontade.

Garanto a você que a convivência será muito mais leve e verdadeira por conta disso. E, por que não dizer, infinitamente mais prazerosa!

O maravilhoso mundo das pessoas descartáveis

O mundo corporativo está doente. Empresas são feitas para dar lucro, mas a moderna corrida do ouro adquiriu contornos insanos. Estamos na era dos relacionamentos descartáveis. Não há mais lugar para pessoas que trabalham de forma competente. Todas têm que ser excepcionalmente brilhantes, bem-sucedidas e ter alta performance o tempo inteiro. E como ninguém é capaz de preencher integralmente esse perfil, algumas pessoas tentam a todo custo escamotear suas fraquezas apontando as fraquezas dos outros e lhes cobrando a perfeição absoluta, que, de antemão, sabem ser impossível alcançar.

Os dias seguem, assim, repletos de controles e metas absurdas, como se tudo pudesse caber em planilhas e relatórios. Então, por mais que se faça, há a sensação de estar sempre devendo muito e isso gera ansiedade, frustração e estresse completamente desnecessários às boas relações. Mantidos por um longo período, esses componentes passam a ter características altamente explosivas e detonadoras da saúde física e mental de muitas pessoas, degradando assim o convívio profissional.

Instalado o caos, conclui-se que pessoas podem ser descartadas, não importa o quanto elas tenham realizado até então, pois o problema não está no modelo e sim nos que não se adaptam a ele. Não há tempo a perder com pessoas. Troquemo-las, pois, como faziam os antigos senhores de engenho. Não há espaço para escravos doentes, rebeldes, que pensam ou contra-argumentam. Há muita cana pra moer, muitos outros escravos pra usar, muitos até com aspirações a capatazes, sedentos de bater o chicote, como forma de dele se livrar.

Espero que não tarde o dia em que o mundo alcance a consciência de que tal modelo não é sustentável, pois plantar esse tipo de sementes não gera bons frutos em nenhuma sociedade. Alcança-se muito lucro para os acionistas, alguns poucos ganham muito dinheiro, é verdade, mas as perdas são irreparáveis, pois o mundo que estamos construindo para os nossos filhos, sem um mínimo de tolerância e respeito às pessoas e à sua condição humana, amanhã também os descartará sem pena, fria e calculadamente e, muito antes disso, a cada um de nós.

Adaptar-se ou ser tolerante?

Resiliência é a capacidade dos materiais de resistir ao choque e de se recuperar perante fatores ou condições adversas. No nosso dia a dia, é a capacidade de enfrentar as mudanças sem se desconectar da nossa essência.

Está na pauta do dia o saber conviver em grupo e adaptar-se ao que se espera de alguém. Arrisco dizer, entretanto, que sendo tão múltiplas e diferenciadas as nossas essências, a linha que separa o comportamento esperado do outro do que se pode efetivamente dele cobrar é muito tênue.

Acredito que as características que compõem a nossa essência seguirão sempre conosco. Penso, então, que melhor seria se todos aprendessem a ser tolerantes, ao invés de adaptar-se, pois, no fundo, adaptação é fazer o outro entrar no modelo mental que desenhamos para ele, e tolerância é extrairmos da sua essência o que ele tem de melhor, relevando a parte que não pode mudar. Isso sim seria a verdadeira capacidade de adaptação.

Para finalizar, se sem a nossa essência nos perdemos de nós mesmos, por que exigirmos do outro que se aparte da sua essência para se adaptar a nós?

Conviver com paciência

A convivência é um exercício de paciência. Há de se ter paciência para escutar; falar com calma pra ser entendido; calar a boca mesmo tendo razão; falar de novo; ouvir outra vez; abrir a mente pra entender; abrir o coração pra aceitar; contar até 2022 pra não explodir; respeitar as lágrimas do outro; engolir o seu choro; aprender o que já sabia; ensinar o que o outro não sabe; ensinar de novo pela quinta vez; consentir; equalizar; respirar fundo; dar um passo pra trás; dar bom-dia ao invés de reclamar; não responder a tudo; relevar provocações; entender a TPM; negociar; renegociar; esperar sem resmungar; ser duro e doce como rapadura; ser mole como manteiga; dizer sim querendo dizer não; falar não querendo dizer sim; se fazer visível quando for preciso e transparente quando necessário; não escutar o que não agrega, não enxergar o que não vale a pena e não ouvir o que vai dar confusão. Se você quer realmente conviver em paz, seja qual for seu tipo de relacionamento, de vez em quando vai ter que ceder um novelo pra não perder a linha ou ceder uma linha pra depois ter o novelo na mão.

Toda panela tem seu dia de pressão.
A sabedoria está em escolher
o que e em que momento cozinhar dentro dela,
pois, a depender da escolha feita,
a carne endurece e o arroz vira papa.

Destempero

E assim fiquei calada. Muda fiquei. Deixei que se esvaziasse, que dissesse tudo que queria dizer. Apesar das razões citadas e até aparentemente justas, compreendi que o calor colocado nas palavras não era direcionado a mim. O fato de não ter respondido a outros como desejava o fez talvez sentir-se fraco, a ponto de falar assim.

Faz parte da vida destemperar-se vez ou outra, ainda que nem sempre na panela ou com a temperatura correta. Nessas horas, embora a gente tenha tudo pra responder, é bom parar, respirar e pensar: pra quê?

Graças a Deus, guardo viva dentro de mim a sabedoria de minha avó Didia, uma mulher pra lá de inteligente, que nessa situação diria: "A melhor resposta é a que não se dá".

Quando menina, não entendia muito bem essa frase, mas com o passar dos anos tudo foi aos poucos se encaixando. Calada é melhor porque se alguém tem que ficar com a carta do mico na mão, que seja quem foi deselegante, quem poderia ter sido gentil e escolheu ser grosseiro. A melhor resposta, portanto, foi a que não dei.

Obrigada, vovó! Você era de fato uma mulher muito elegante!

Vivendo e aprendendo a jogar

Gosto do jogo como ele deve ser: limpo e com competência, bonito de se assistir! Sem furar o olho do oponente; sem chupar o seu sangue; sem catimbar pra ganhar ponto com o juiz. É verdade que o jogo é duro! Mas é na bola, não na canela do adversário!

Então pra jogar, há de se ter habilidade, pois há variáveis que não estão sob nosso comando: o gramado, as condições do clima, o tipo da bola e, principalmente, a preparação dos adversários.

Esqueça os discursos de bolso. Seu maior adversário é você mesmo! Tire a faca da boca! Não se pode matar todo mundo pra limpar a frente do campo! Afinal, sem adversários, não existe jogo e o time tem que chegar vivo à final!

Diria você: "Então, o que nos resta pra jogar bem?". Acho que, tirando todo o resto, restam somente a nossa competência e a nossa integridade. Essas, sim, os verdadeiros trunfos pra se jogar bonito e fazer a torcida levantar de verdade!

O poder da alegria

Na vida, quando a gente recebe uma sequência de notícias ruins (ou não tão boas quanto esperava) tende a desanimar e até a querer desistir de tudo.

Entretanto, acomodar-se num ciclo vicioso é o caminho mais fácil para ir do nada a lugar nenhum. É como andar em círculos num pântano, deixando a lama subir cada vez mais alto.

Nessas horas, por mais improvável que pareça a possibilidade de recuperar o bom humor, é preciso manter a fé e redobrar as forças pra sintonizar em coisas felizes e captar boas energias!

Aí, quando a gente menos espera, o ciclo vicioso se torna virtuoso, a gente tira os pés da lama, passa a correr na praia e a nadar num mar de boas notícias e novas alegrias!

Hoje eu estou muito feliz! Continuo a ter problemas a resolver como qualquer outra pessoa, mas tive uma grande alegria e este é o meu melhor energético. Sou feliz e sei disso, graças a Deus!

A pobre menina boba

De tanto levar e trazer tudo que ouve, sempre distorcendo um pouquinho as palavras dos outros e fazendo uma intrigazinha ali, outra acolá, só para ficar bem com seus chefes, a Pobre Menina Boba descobrirá, logo, logo, que o seu disfarce de gente boa foi trocado para bonitinha, mas ordinária!

Achando que ninguém está percebendo, ela rasteja sorrateira e destila a cada dia seus venenos, como uma aprendiz de cobra feiticeira.

Tão falsa como uma nota de quinze reais, não tarda a ser pega ao enganar no troco e tentar tirar vantagem de algo que poderia obter de graça, se optasse por ser verdadeira.

Um minuto de silêncio para a Menina Boba, que além de pobre de espírito tem caráter tão vacilante como o corpo de um bêbado equilibrista e, mais cedo ou mais tarde, quedará empalhada, abatida e solitária, numa prateleira do Butantã.

O jiló da inveja

Coisa deprimente é a inveja! Por mais que o invejoso tente disfarçar, sua linguagem corporal o trai, dizendo exatamente o contrário. Não sorri, nem sabe abraçar, muito menos elogiar.

O invejoso tem um cérebro de ervilha e um coração diminuto, incapaz de vibrar com as alegrias do outro. Primo-irmão do egocêntrico, não aguenta ver ninguém mais feliz que ele! Seu olho é gordo, sua boca tem o sabor amargo do jiló, suas palavras, a acidez do limão mais azedo, e sua aura, perebas!

Por mais bem vestido que esteja, parece sempre pobre, mas não pobre de dinheiro; pior, pobre de espírito. Tem a alma maltrapilha, corroída pela inveja. Como não consegue se doar a ninguém, só consegue angariar amigos igualmente pobres como ele.

Que triste é não saber o que é sentir o prazer de se contentar com as alegrias dos outros porque o coração está vazio, empoeirado e só! Que triste é ser invejoso!

Colírio diet

Ao longo da vida, a gente aprende uma quantidade enorme de coisas e desaprende outro tanto equivalente. Afinal, não daria mesmo pra guardar um monte de informações inúteis.

Então, o cérebro vai rearrumando dados, deletando coisas e gravando outras por cima...

Há aprendizados, entretanto, que ficam para sempre gravados na memória. Para mim, um desses foi não invejar o que é dos outros. Ouvi tão repetidamente isso da minha mãe, que incorporei total. Acho o máximo dizer: "Que lindo! Adorei! Deus benza!". Parece que quanto mais repito mais forte fico!

Não digo que não tenho sonhos. Apenas não invejo quem possui os objetos desses desejos. Isso vale de dinheiro a beleza, passando por qualquer coisa que eu, eventualmente, quisesse ter.

A bem da verdade, acho a inveja cansativa e infrutífera. É tão ruim e egocêntrica que só dá boca seca, queimação, úlcera, dor de cabeça e urticária ao invejoso, que quer ter o que é do outro, ser o outro, poder como o outro... e vive, mentalmente, martelando o mantra: "Por que não eu?".

E sabe o que é pior? A inveja só faz mal para quem a sente! Enquanto o invejoso perde horas praticando a inveja dele de cada dia, o invejado vai vivendo feliz, alheio à tanta chateação!

E para finalizar toda essa conversa, se uma humilde dica puder deixar, sugiro a quem sente inveja optar por colírio diet e olho magro, porque, em tempos de saúde e malhação, olho gordo tá pra lá de fora de moda!

Fiscais
da perfeição alheia

Às vezes, a título de fazer o politicamente correto, as pessoas perdem a naturalidade.

De uma hora para outra, é como se não fosse mais natural ter defeitos. Tornou-se imperativo ser bonzinho, comedido, compreensivo, bem relacionado, tolerante, maduro, inteligente, culto, bem informado, emocionalmente preparado... o tempo todo!

E, como isso é simplesmente impossível à natureza humana, fica muito mais fácil cobrar dos outros tais posturas em tempo integral! Passa-se então de vidraças a estilingues, na confortável posição de fiscais, vigiando quem foi o fraco que não cumpriu o script desenhado.

Nesse delírio coletivo, na busca permanente da perfeição inatingível, tornamo-nos algozes uns dos outros, exercitando a cada dia mais um pouquinho de intolerância. E, quanto menos perfeitos somos, mais perfeição cobramos dos outros!

Ao final da vida, quando já tivermos infernizado a vida de muitos que passaram por nós, olharemos pra trás e concluiremos que, na verdade, ao acharmo-nos capazes de formar uma casta superior de seres perfeitos, com as nossas duras cobranças, fomos na verdade uns chatos de galocha e perdemos o maior barato de conviver em grupo, que é se misturar e aprender com a diversidade!

Que me permitam opinar os fiscais da perfeição alheia, mas juntar todo mundo na média é trazer todo mundo pra mediocridade, como pegar o preto e o branco e torná-los cinza-grafite-plastificado. Eu prefiro o colorido, com todas as dores de adorar azul e odiar amarelo canário!

O tempo que se perde
tentando transformar rosas em girassóis
poderia ser aproveitado
usufruindo do seu perfume.

Focar as qualidades
ou fixar-se nos defeitos?

Eu tenho inúmeros defeitos! Uns aparentes, outros camuflados, alguns quase secretos, aspirantes à invisibilidade. Talvez, se num exercício de extrema transparência eu os revelasse todos, poucos amigos me sobrariam...

Em contraponto, tenho muitas qualidades, umas aparentes, outras discretamente guardadas. E, talvez, se eu resolvesse revelar todas, a muitas pessoas incomodasse.

Na impossibilidade então de ser perfeita ou mesmo de agradar a todos, sigo assim, ora fada, ora bruxa, poço de virtudes e defeitos, entre o doce e o ácido. Sem a ilusão de que exista, mesmo entre os mais estrelados, alguém tão brilhante que não possua sombra, sigo sendo assim: simplesmente humana.

Os problemas
e os bolos de chocolate

Às vezes, a missão que temos na terra é tão clara e transparente que dá até para ver através dela. Eu, por exemplo, adoro quando consigo inspirar positivamente as pessoas, espalhando sementes de boa energia entre elas, sem que necessariamente as conheça.

Por vezes, entretanto, quando me vejo correndo de um lugar pro outro, emaranhada em um monte de problemas – alguns sem aparente solução –, me pergunto se estou cumprindo a minha missão de verdade.

Todas as pessoas têm problemas, isso é fato, mesmo as que não parecem ter, e as que não aceitam isso, também. O que me salva nesses momentos, então, são justamente a minha energia e a minha fé! Penso comigo: se posso distribuir, é porque tenho de sobra! Então há de sobrar um pouco para me reabastecer!

Olho além do meu umbigo, observo o mundo à minha volta e concluo que aquilo que chamo de problema, para muitos é só um contratempo, e que aquilo que classifico como difícil, Deus denomina de aprendizado. Sinto-me verdadeiramente ridícula nesse momento!

Mas veja como é a vida: estava eu escrevendo tudo isso, durante a volta para casa, e ao abrir a porta me deparo com um maravilhoso bolo de chocolate, coberto com brigadeiro e coco, feito por minha filha Duda!

Vamos combinar? Que tipo de problema pode me atingir quando eu estou diante de uma delícia dessas?

Obrigada, meu Deus!

Tire sua estrela de xerife

Relaxe! Todo mundo tem defeitos! Não adianta fiscalizar os defeitos alheios, logo você, que não é 100% perfeito. Então, se não pode ser o xerife do mundo, pare de punir os outros o tempo inteiro. Tremenda perda de tempo!

Foque nas virtudes! Enxergue a alma como um armário cheio de qualidades e defeitos e faça como se escolhe a roupa que melhor se adéqua ao seu biótipo ou à ocasião: escolha aquilo que valoriza seus atributos e ressalta o que há de melhor, o mais bacana pra usar na caminhada. A vida é curta. Não há tempo a perder, vestindo a alma com aquilo que não cai bem nem a você nem aos outros!

É preciso abrir as portas de todos os armários e fazer um grande bazar de virtudes, combinando só o que há de melhor, pois de defeitos já está todo mundo cheio! Inclusive você.

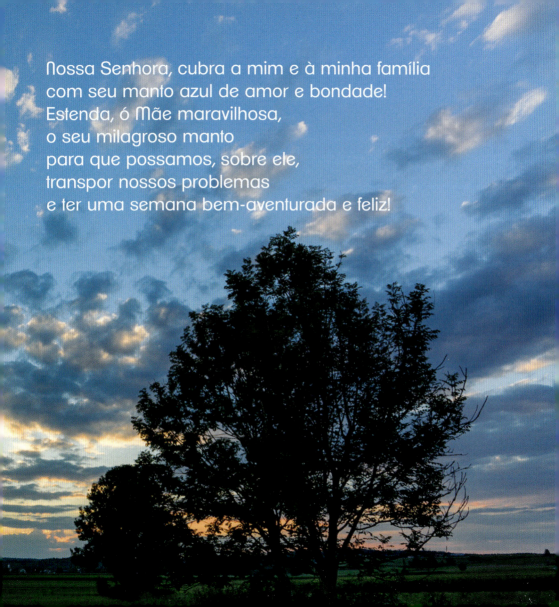

Nossa Senhora, cubra a mim e à minha família
com seu manto azul de amor e bondade!
Estenda, ó Mãe maravilhosa,
o seu milagroso manto
para que possamos, sobre ele,
transpor nossos problemas
e ter uma semana bem-aventurada e feliz!

Telecurso do crime de 3º grau

É indiscutível que a violência urbana está enorme! Isso me preocupa, sim. Ultimamente, porém, sinto que esse é o único assunto ao qual a mídia se dedica em tempo integral.

Ligo o rádio do carro logo cedo e sinto-me encharcada com o sangue que espirra das notícias! É o playboy que esbagaçou um carro, o menino de 8 anos que matou a irmã de 5, o cara que sequestrou três mulheres e as prendeu por mais de dez anos, o adolescente que estuprou uma turista, mais um acidente de moto... Será que só há esse tipo de notícia para dar logo de manhã cedo? Tenho a sensação de estarmos cursando um telecurso do crime de 3º grau!

A plateia está exausta do drama sem pausa! Nem a fantasia nem a realidade é composta só de bandidos e pura maldade! Chega! Estou indo para o trabalho! Lá tenho muita coisa para fazer! Não quero começar o dia deprimida, com a sensação de impotência diante de uma avalanche de notícias ruins!

Não sou alienada nem insensível à violência, muito pelo contrário. Mas não é possível que não esteja acontecendo nada de bom pelo mundo! Somos sete bilhões de pessoas no globo e há de existir alguém fazendo o bem, alguém tendo boas ideias, alguém tornando a vida de outros melhor. Alguma notícia boa há de se ter a divulgar.

Será que nada de bom está realmente acontecendo ou a mídia se acostumou à notícia sensacionalista, às manchetes de sangue e lágrimas, mostradas no mais rico detalhe, que vendem fácil e dão audiência?

Está lançado o desafio, senhores! Não quero ligar o rádio ou a TV ou abrir os jornais só para receber notícias ruins! Elas são uma realidade, mas a realidade não é composta só delas. Se a gente não fizer nada para sairmos desse ciclo vicioso, o mundo não será nada além de uma esfera vermelha, cor de sangue, rodando na Via Láctea. E a quem isso interessa, e por mais quanto tempo?

Com toda minha boa energia canalizada, desejo a todos muita saúde, amor, trabalho produtivo, paz e alegrias!

A história de um rei e seus súditos

Geraldo já teve um passado como homem do povo! Tomou café em boteco, passeou na feira, carregou criança remelenta no colo, apertou a mão de pobre, beijou senhoras na comunidade.

De volta ao seu palácio, Geraldo esqueceu-se do café que tomou, das andadas que deu, das crianças que carregou, dos pobres que abraçou, da realidade das comunidades por onde passou...

Com as suas roupas bem cortadas, seus cabelos milimetricamente alinhados com gel e a sua caneta Mont Blanc, decide onde e quanto será investido em cada canto do reino. Não vai à feira, não caminha nas ruas, não se mistura ao povo, nem anda de trem.

Como pode decidir de tão longe daqueles que de tão próximos dele se sentiam, que o transformaram em rei?

O nome Geraldo é meramente figurativo. Podia ser Luís, Fernando, Wagner, Renan, José... Podia ser homem ou ser mulher. Só não podia deixar ao léu quem o elegeu!

Qualquer semelhança com a realidade é mera coincidência.

Sob proteção divina

Sei que Deus está me segurando no seu colo, enquanto atravesso meus problemas!

Sei também que todos têm problemas pra resolver e nem sempre podem ajudar. Essa é a vida real.

Reconheço e agradeço diariamente por cada gota de felicidade que tenho e por todas as bênçãos recebidas no meu caminho!

Sei ainda que tudo passa. Se pudesse, entretanto, pedir algo a Deus, queria pedir para manter minha fé, meu amor e minha saúde.

Respeito as crenças de cada um, mas trago sempre comigo minha "personal-igrejinha", um conjunto de medalhinhas que trago no pescoço, com meus santinhos de devoção. A eles peço proteção todos os dias, para continuar trilhando o meu caminho com alegria, e, num dia próximo, me sentir aliviada por ter ultrapassado mais alguns obstáculos.

Amém!

Abraços calorosos, capazes de contagiar!

Ultimamente, tenho pensado muito em qual é a minha missão neste mundo. Afinal, acordar, trabalhar, comer e dormir não podem constituir o propósito maior de uma vida. Sempre tive muita energia e vontade de viver, mas somente a maturidade tem me feito refletir que, talvez, isso esteja intimamente ligado à minha missão de vida.

Talvez o fato de ter recebido de algumas pessoas queridas, ao longo do caminho, sinais positivos sobre este meu traço mais marcante – que me faz abraçar calorosamente até desconhecidos, captar a energia dos ambientes e contagiar outras pessoas com alegria e bom humor – contribua para me levar a crer que tudo isso realmente tenha uma finalidade maior.

Antes que se pense, porém, não me vejo melhor que ninguém por ter estas características, pois há habilidades que adoraria possuir, as quais, definitivamente, não fazem parte dos meus atributos, tornando-me, a meus próprios olhos, imperfeita diante dos seus detentores.

Quando me vejo, entretanto, sensibilizando algumas pessoas com os meus escritos, tradução fiel da minha energia, como se pudesse lhes estender meus calorosos abraços através das letras derramadas no papel, confesso me sentir – com uma ponta de vergonha pela vaidade mortal – especialmente agraciada por Deus! Nesses momentos, tomada de felicidade, sinto fortalecida a ideia de que todos temos uma missão simples de realizar: basta ouvir seu coração e deixar fluir, pois, como sempre diz a minha sábia mãe, "tudo que tem que ser traz força".

PESSOAS QUE IMPORTAM AO CORAÇÃO

Luminosidade

Há pessoas que são iluminadas. Têm inteligência acima da média, conseguem enxergar o que a maioria não enxerga, tomam as decisões mais acertadas.

Outras são luminosas! Emanam luz, calor, amor e energia positiva por onde passam. Essas são as que vão ser queridas para sempre – amigos especiais e essenciais, para trocar segredos, conselhos, energia, apoio... daqueles que, mesmo passando tempos sem falar, quando encontramos, a conversa flui solta de onde parou, pois afinidade não usa relógio; amigos que aparecem sem avisar, saem de cena para não ser inconvenientes, chegam junto quando é preciso, eliminam fatores que para os outros são impeditivos para o relacionamento: tempo, distância e fuso horário; que estão sempre conosco mesmo quando não estão por perto, pois nunca saem do nosso coração!

Felizes dos que têm amigos 24h com os quais podem sempre contar! Com eles podemos somar experiências, dividir angústias, diminuir tristezas e multiplicar alegrias!

Neste mundo, tem um monte de gente que se orgulha do cargo, da casa, do carro que tem. Eu me orgulho dos amigos que conquistei, dos lugares que conheci e do que pude aprender com essas pessoas e nesses lugares. Por isso, todos os dias, quando rezo, agradeço pelo que tenho e, quando abraço uma pessoa querida, aperto forte, fazendo meu coração ficar mais perto do dela e deixando-a sentir toda a minha energia!

O grande barato da amizade

Fazer amigos é uma bênção, mas conservá-los é uma arte dominada por poucos!

Não falo dos amigos de festas ou de ocasião, daqueles que se fazem de íntimos para obter alguma vantagem.

Falo dos amigos que nos fazem sentir queridos, que não nos julgam gratuitamente, que não dividem a cena com a gente e sim somam! Somam abraços, somam risadas, somam apoios!

Aqueles com os quais a gente pode realmente contar pra dar risada, chorar, desabafar, extravasar, mostrar sem medo nossos lados A, B, C... Que fazem a gente sentir que somos queridos de verdade, do jeito que somos, mesmo quando não há nenhum outro interesse envolvido a não ser o benquerer!

Quando presencio esse tipo de afeto sendo trocado em quantidade entre as pessoas, penso que ainda há jeito pro mundo e ainda é possível ser querido de forma genuína! Por isso, rego muito bem minhas amizades, pois fazer amigos e não cuidar é como jogar sementes, mas não regar as flores.

Laços verdadeiros

Família não é apenas um simples agrupamento de pessoas que nasceram no mesmo lugar e vão viver um tempo numa mesma casa. Família é a oportunidade, que nos foi dada pela vida, de estabelecer laços afetivos verdadeiros, de ser aceito como a gente é, de cuidar de alguém e de ser cuidado também, de exercitar o amor na sua essência.

Família é ter para quem contar as nossas vitórias e poder ficar feliz com as alegrias do outro. É comer pizza juntos para comemorar o novo emprego, telefonar tarde da noite para dizer que chegou bem, ligar cedinho para contar que vai viajar, pedir que torçam por nós, rezar para a cirurgia dar certo.

Em família a gente se despe dos disfarces, fica de cara limpa e age de coração aberto, pois estamos entre os nossos. Naturalmente, existirão momentos de tensão, mas no final os laços de amor falarão mais forte, pois família é ter pra onde voltar se nada der certo e ninguém mais quiser nos apoiar.

Tem gente que restringe essa convivência ao tempo e espaço e diz: "No tempo em que vivia com a minha família...". Fico pensando como isso é possível, pois carrego minha família dentro de mim aonde quer que eu vá, fisicamente perto ou longe, mas sempre no coração!

Não nos abandonamos nos momentos ruins nem quando nos aborrecemos uns com os outros. Construímos juntos muitos momentos inesquecivelmente bons! Como esquecer tudo isso e não continuar apostando todas as minhas fichas nessas pessoas?

Se você tem uma família, seja ela de sangue ou adotada, composta de parentes ou de amigos, você nunca estará só nesse mundo! Então, se me permite lhe dar um conselho, continue construindo boas lembranças com essas pessoas, seja ao vivo, pelo telefone, pela internet ou em orações. Não interessa o meio. Na verdade, o como é o que menos importa, pois o essencial é manter vivo o amor que nos une e que não se limita a tempo, espaços ou formatos! O amor é livre e familiar!

O dia em que virei Amora

Meus avós maternos ficaram noivos no dia oito de dezembro, dia de Nossa Senhora da Conceição. Meus pais se conheceram na Igreja de Nossa Senhora da Conceição, no dia da festa da Conceição, padroeira da cidade de Salvador. Nasci alguns anos depois, com um enxoval todinho azul, pois todos achavam que eu seria menino e Sílvio seria meu nome. Pois bem, nasci lindinha, morena e menina. Seria isso um sinal de Nossa Senhora? Melhor seguir a religiosidade da família. Então, não tinha como escapar! Era uma sina e não mais uma escolha. Seria batizada como Conceição Maria.

No começo, eu era apenas Ceicinha. Era assim que meus pais carinhosamente me chamavam. Fui uma criança bastante falante, mas razoavelmente bem-comportada. Não conseguia, entretanto, escapar do meu severo pai ao solicitar a minha presença, após alguma travessura: "Dona Conceição Maria!". Ai, meu Deus! Era pra receber pito na certa! Lá ia eu morrendo de medo!

Cresci então entre o dilema de ser Ceicinha, a dócil e querida, e Conceição, a que era chamada para prestar contas de algo, me posicionar, resolver problemas. Até conhecer a numerologia e concluir que Conceição é um nome, digamos assim, numerologicamente falando, favorecido, foi dureza! Imagine uma adolescente Conceição! Queria ser Sílvia, Fernanda, Renata, Maria, qualquer nome, mas Conceição, com todo respeito a Nossa Senhora, era puxado! Volto a dizer a velha máxima: não se pode ter tudo!

Já adulta, com a personalidade bem definida, virei Conceição para todas as atividades civis e formais, e Ceiça, Ceicinha, Conceiça e tantos outros nomes mais, carinhosamente atribuídos pelos diversos queridos que cruzaram meus caminhos, nas rodas de amigos.

Lá um dia, depois de alguns encontros e desencontros afetivos, aconteceu o famoso "pá-pum"! Aquele momento que zera tudo que já lhe aconteceu e, no meio de sete bilhões de pessoas, você conhece "a pessoa"! Aquela que vai seguir com você por muito tempo dali para a frente, que vai ser tão íntima que lhe atribuirá um nome que só por ela será pronunciado!

Namoro engrenando, a pessoa, que já gosta de escrever, fazendo mil bilhetinhos apaixonados, a todo vapor! Ora assinando Ceiça, ora

Ceicinha, mas faltava um nome que lhe desse a devida importância dentro do contexto da minha vida.

Um dia, assinando um cartãozinho, querendo fugir do clichê dos apelidos apaixonados de prateleira, ao invés de assinar "do seu amor", assinei "da sua amora". Não a fruta, mas sim a sua pessoal e intransferível amora, feminino delicioso de amor. De lá pra cá, já se vão muitos anos; virei Amora e Amorinha, nomes sempre pronunciados por Amoro, não amor grafado errado, e sim o masculino de Amora, também carinhosamente chamado de Amorinho.

E vamos combinar, tudo bem que Conceição é um nome numerologicamente poderoso, mas quem se importa com essa bobajada toda, sendo a Amora de seu Amorinho?

Feliz bodas de cumplicidade!

Vinte anos atrás, um final de tarde, uma cerimônia selando nosso maior compromisso a dois, um bolo lindo, muitos doces, champanhe, músicas, flores, uma festa alegre, cheia de amigos queridos!

Vinte anos se passaram, recheados de muitas conquistas, celebrações, alegrias, aquisições e vendas de bens, aumento de amigos comuns e perdas de amigos queridos, mergulhos em praias ensolaradas e tempestades vistas da varanda, mudança de emprego, casa e cidade, força diante dos desafios, noites em claro pelas febres das filhas, discussões inúteis e reconciliações deliciosas, mãos dadas e abraços confortantes em horas difíceis, centenas de garrafas de vinho bebidas a dois regadas a voz e violão, muitos beijos calientes e uma química sem igual, segredos compartilhados, choros e gargalhadas soltas na madrugada, carnavais pulados a dois, viagens a muitos lugares maravilhosos e outros nem tanto e um prazer enorme de estar na companhia do outro!

Vinte anos depois daquela festa, cá estamos nós, vinte anos mais velhos, muitos quilos menos magros e mais grisalhos, duas filhas crescidas, mas para nós sempre crianças. Vinte vezes mais experientes e companheiros, conhecemos bem nossas manhas e manias, nossos medos e defeitos imutáveis, o que queremos dizer com cada troca de olhares, nossos pontos de desejo e combustão imediata, nossas melhores qualidades e fortalezas como casal. Ainda assim somos bobos, enchemos o saco um do outro, sentimos eventuais ciúmes infundados e reclamamos dos seus defeitos na vã esperança de mudá-los, mas a despeito disso defendemos o outro com unhas e dentes de qualquer pessoa que achemos ameaçá-lo, acariciamos nossos cabelos vendo TV, desejamos boa-noite antes de dormir, damos beijos diários de bom-dia, trocamos recadinhos de amor por SMS, admiramos, amamos e desejamos um ao outro.

Não conseguiria absolutamente contar quantas vezes já fizemos cada uma dessas coisas... Apenas consigo afirmar que, para estar ao seu lado, faria tudo outra vez, pois o mínimo que fizemos juntos certamente valeu muito mais a pena do que tudo que possamos ter feito antes de nos termos um ao outro!

Eu e Juju

Alguns anos atrás, ainda novinha, tive em meus braços uma criancinha linda, pele branquinha, levemente rosada, mais parecendo de louça, o que lhe rendeu o apelido de Loucita.

Nasceu de parto normal, pesava 3,950 kg, media 51,50 cm e foi a maior do berçário naquele dia! Cresceu lindinha, muito educada, calminha... O tempo foi passando, para mim e para ela, muitas coisas vivemos juntas, entre risadas e lágrimas.

Agora, vendo-a entrar pela porta, muito maior que eu, transformada em mulher, corro para repetir o mesmo abraço do nosso primeiro encontro, mas concluo, incrédula, que apesar de sermos as mesmas pessoas, eu a mesma mãe, ela a mesma filha, já não consigo mais conter todo seu corpo em meus braços!

Na tentativa de gravar nos nossos corações mais esse momento, aperto desajeitada seu corpo gigante e lhe envio as minhas melhores energias, tal qual no primeiro dia! E, numa fração de segundos, apenas nós duas, nem parece que o tempo passou, minha Juju!

Maria Alegria!

Na minha vida, há uma menina inteligente, amorosa, alegre, comunicativa, falante, conciliadora, animada e, principalmente, muito amada!

Muito mais novinha que eu, ela me dá diariamente lições da arte de conviver! A ela ensino coisas e com ela aprendo de montão! É extremamente solidária, adora velhinhos e crianças, sabe perdoar de verdade, abraça com o coração, distribui beijos sem economia, gosta de gente!

A você, Dudinha, os meus melhores desejos de saúde, amor, fé em Deus, alegrias, amigos verdadeiros, ótimas notas na escola e muitas viagens maravilhosas!

Muito obrigada por ser uma filha tão bacana! É uma honra ser sua mãe!

Sob a proteção de Maria

Entreguei minhas filhas a Maria, pois só uma mãe poderosa poderá protegê-las o tempo inteiro, nos lugares onde eu não puder estar.

A pouco mais de 24 horas da sonhada viagem de Juju para estudar e abrir horizontes lá fora, meu coração de mãe está confuso, sentindo um mix de emoções que vão da saudade ao orgulho de vê-la abraçar um sonho!

Sei que tenho que praticar o desapego – aliás, tive uma prática intensiva disso nós últimos dias –, mas não é tão simples assim ver um filho partir para voar com suas próprias asas, longe de nós, pois o que uma mãe sonha é poder assistir a isso a olhos nus, sem ajuda de câmeras ou outros recursos virtuais.

Já ouvi dizer que se criam filhos para o mundo, mas eu não as criei para isso e sim para serem felizes.

Meu coração está confuso! Sabe que tem que ficar forte e sorrir de alegria, mas está apertadinho, derramando lágrimas, ao ver a cria, que saiu de dentro de mim, fechando as malas para partir em direção ao seu sonho particular!

A sensação é de vê-la passar por um vestibular de sobrevivência adulta diante da vida, para a qual a preparei durante mais de vinte anos. Agora, só me resta torcer para que ela tenha aprendido direitinho todas as lições e possa responder positivamente a cada um dos desafios que lhe serão apresentados!

Eu entreguei minhas filhas a Maria e pedi a ela que as guarde e conserve felizes, onde quer que estejam! E, se não for muito pedir, que acalme meu coração aflito com a possibilidade de sofrer de saudade!

De uma mãe-pássaro antes do voo dos filhos

Filhos, vocês foram preparados. Agora estão prontos pra voar sozinhos! A vida lhe apresentará muitas situações novas. Para que tirem delas o maior prazer e as melhores lições, pratiquem diariamente a sabedoria do Amor. Por isso me permitam desejar...

Que suas personalidades sejam respeitadas e, ainda assim, vocês sejam unidos como o corpo e a alma.

Que os obstáculos e os medos sejam vencidos a dois, ainda que enfrentados individualmente.

Que todas as conquistas sejam alegremente compartilhadas a dois e que sempre se lembrem de rezar e agradecer por cada uma delas.

Que não se deixem inebriar pelas vitórias, mantendo a disciplina e a humildade dos verdadeiros vencedores.

Que cada um conte sempre com a proteção do outro e ambos contem com a proteção de Deus!

Sejam muito felizes nesse grande desafio, meus filhos! Lembrem-se de que aqui haverá um abraço, cheio de amor de mãe, com o qual poderão sempre contar.

Sobre meu pai

Meu pai é uma pessoa comum. Não é um super-homem, nem uma pessoa que não possua defeito algum. Não possui nenhum superpoder especial, a não ser o amor pelas suas crias.

Meu pai é como eu: gosta de pessoas, abraça forte, demonstra quando não está satisfeito, reclama do que acha errado, beirando a rabujice, fala pelos cotovelos, defende aquilo em que acredita com eloquência e veemência, gosta de organizar as coisas, ri de piadas sem graça, chora de raiva, já fez bonito e já errou feio, não tolera ver os mais fracos sendo humilhados, exercita a teimosia, tem cinco minutos de fúria de vez em quando, se envergonha quando erra e se orgulha quando acerta e quando vencemos!

Meu pai é uma pessoa absolutamente comum, aos olhos de qualquer pessoa. Menos para mim! Porque para mim ele é o meu pai, amado e único! Com quem mais aprenderia a gostar de conhaque e odiar abacates? Quem mais me faria chorar por tomar sopa e sorrir por sentir a segurança do seu abraço? Quem mais teria tido ciúmes de mim na adolescência e tiraria diariamente fotos da minha primeira filha, mesmo morando em casas diferentes? Com quem mais eu teria discussões calorosas e abraços amorosos num mesmo dia? Quem me ensinaria a entender Fernando Pessoa, a gostar de canções napolitanas e o valor de escolher bem as pessoas em quem votar?

Meu pai é assim! Hoje, com cerca de dois mil quilômetros nos separando fisicamente, insiste em não usar as redes sociais; portanto não lê em tempo real as lindas mensagens que mando para ele, mas tem certeza do quanto o amo!

Juntando as nossas qualidades e defeitos – que não são poucos, dos dois tipos e de ambas as partes –, tenho com meu pai uma bonita relação de amor, reafirmada a cada encontro e a cada despedida, que termina invariavelmente com a frase: "O pai ama muito você!", correspondida com "Eu também amo você, meu papai! Muito!".

Verdadeira Luz

Vera Lúcia significa "verdadeira luz". Nunca um nome definiu tão bem uma pessoa! Vera Lúcia, Verinha para os íntimos, Mamadi para mim, é a minha mãe querida. Com ela aprendi tudo que sei e que sou, como ser boa filha e, principalmente, a mais importante tarefa da vida, a ser mãe!

Com seu exemplo, ela sempre me ensinou que a alegria é um bem precioso, inestimável e do qual devemos cuidar e preservar, seja lá o que nos aconteça! É a única pessoa que conheço que reza todos os dias pedindo a Deus para nunca perder a alegria de viver! Não é o máximo ter nascido dessa mulher?

Todos os dias, rezo por ela e peço a Deus para ser tão boa mãe para minhas filhas quanto ela é para mim! Se conseguir alcançar metade dessa graça, já vou ser uma supermãe!

Poderia passar horas falando sobre ela, mas quero apenas agradecer por todo o amor que recebo dela! Mãe, orgulho-me de ter nascido de você! Do fundo do meu coração, obrigada por ser minha mãe!

Um homem muito interessante

Dia 7 de setembro, além de ser o Dia da Independência do Brasil, seria aniversário do meu avô Oyama, um homem de personalidade muito interessante e cheia de curiosidades, a começar pelo seu nome de origem japonesa, sendo ele loiro, descendente de alemães.

Nasceu com o sobrenome Kenne Adame, ficou órfão aos 12 anos, herdou coisas da mãe, mas nunca foi ligado a isso, dizia que "herança não leva ninguém pra frente". Teve seu sobrenome trocado por Sá Fonseca, numa manobra para fugir do nazismo de Hitler, e saiu pelo mundo, mais precisamente pelo interior da Bahia, para fazer sua história longe de suas origens.

Meu avô era agregador, adorava ter pessoas à sua volta! Sempre teve muita gente tanto na população fixa quanto na flutuante da casa. Foi responsável pela criação de várias pessoas, adorava receber hóspedes e ter a casa cheia, alegre e ruidosa. Melhor dizendo, gostava de uma boa muvuca!

Gostava de fartura. Sempre tinha a geladeira lotada e as mesas com mais algum convidado para comer. Curiosamente, comprava as coisas aos pares, de jogos de panelas a joias para minha avó! Tinha muitos armários em casa, sempre cheios dos mais variados itens, um verdadeiro bazar aos olhos dos netos, a quem eventualmente permitia mexer, sob a sua supervisão, como numa divertida visita a uma loja de brinquedos! Tinha também dois cofres, dos quais nunca nos permitiu ver a combinação de segredos quando os abria, pois aquilo "não era coisa para criança mexer".

Trabalhou dos 12 aos 92 anos, foi viajante (representante comercial) durante boa parte da vida, era exímio vendedor e negociava como ninguém. Dizia que "para manter a família, venderia até colher de pau se fosse preciso". Pagava tudo que comprava em dinheiro, nunca usou talão de cheques ou cartão de crédito, nem mesmo tirou férias, coisa que considerava "de vagabundo". Era um workaholic, quando essa palavra nem mesmo existia! Na verdade, divertia-se a valer fazendo algo que para muitos seria um fardo.

Tendo estudado apenas até a quarta série primária, raciocinava logicamente como ninguém! Não usava calculadora para nada, só fazia contas de cabeça; escrevia e falava sem nenhum erro de português; sabia o nome de todos os ossos do corpo humano e das capitais de todos os países do globo terrestre!

Andava sempre com uma pastinha, contendo documentos e um talão de notas fiscais, debaixo do braço. Para meu avô, "ao acordar, o homem tem que ter um objetivo, uma finalidade para o dia", por isso estava em constante movimento, sempre tinha algo a fazer ou decidir. Quando não estava viajando, saía e voltava várias vezes ao longo do dia, fazendo negócios e pondo a conversa em dia com seus clientes amigos na cidade. Tinha medo de avião e nunca dirigiu. Foi, porém, a prova viva de que se pode ter uma vida movimentada e feliz sem necessariamente sair do país, mas explorando minuciosamente o mundo à sua volta.

Vejo muito dele em mim, ou seja: qualquer semelhança é mero DNA!

Poderia escrever muitas páginas sobre esse homem, mas terei que fazê-lo em partes, pois sua personalidade certamente daria um livro. Finalizo estas minhas recordações com a frase mais marcante que ouvi dele: "O homem tem que morrer como as árvores: de pé. Caem as folhas, secam os troncos, mas permanecem de pé".

Onde você estiver, vovô, peço que me permita mudar um pouco essa frase: um grande homem, assim como as grandes árvores frondosas, não morrem, apenas mudam de lugar, pois seus frutos alimentarão muitas gerações, seu tronco se transformará em móveis ou lenha para aquecer outras pessoas e sua sombra jamais será esquecida. Vovô Oyama, você não passou por aqui simplesmente, fez história e deixou memórias!

Um cravo
com amor

Definitivamente, sou uma pessoa abençoada, pois, ao longo de minha vida, já recebi profundas expressões de amor através de simples declarações!

Hoje, seria aniversário de dona Edith, minha avó materna, que nos deixou em 1997 e foi responsável por algumas das mais doces e inesquecíveis declarações de amor que já recebi!

Sempre que me encontrava, ao me abraçar, ela repetia: "Ceicinha é um cravo, uma flor perfumada!".

Ao beijá-la, cochichava no meu ouvido: "Não gosto de beijos melados, desses que as pessoas apertam e molham as minhas bochechas, mas os teus beijos eu adoro!".

E quando alguém falava de uma pessoa bonita, minha avó rebatia: "Fulana é bonita, mas Ceicinha é um cravo!".

Quando ela partiu, aos 97 anos, eu estava em Nova York e pressenti que algo ruim havia acontecido naquela madrugada. Liguei pro Brasil de manhã cedo e preferiram não me contar. Só soube na volta, dias depois. Não pude levar a ela um último buquê de cravos...

Toda vez, porém, que vejo cravos e sinto o seu perfume, me lembro dessa avó que me amava tanto, a ponto de me comparar às suas flores prediletas!

Feliz aniversário, vovó Edith! Onde você estiver! Beijos do seu cravo do coração!

Querida vovó Didia

Décadas atrás, no Dia Internacional da Mulher, perdi uma mulher a quem eu admirava pela força, inteligência e senso de humor: minha avó e madrinha Didia!

Mulher feminina, sempre de colar de pérolas e batom, mesmo dentro de casa, ela me ensinou o valor da família, a importância dos estudos e a simplicidade das coisas.

A você, minha querida vovó, que soube deixar bons exemplos, a quem perdi ainda menina, um feliz Dia da Mulher, onde quer que você esteja!

Carmen de todas as rosas

Minha irmã, Carmen Rosa Sá, hoje bacharel em Direito e jornalista, era uma criança verdadeiramente impossível! Ô menina danada!

Com 2 anos, subiu na mesa da sala, no Dia das Mães, se agarrou numa bandeja cheinha de pastéis, acabados de fritar, e despencou no chão com uma flor de tomates na testa, mergulhada num mar de pastéis.

Com 4, costurou o dedo na máquina de costuras de nossa mãe, que foi buscar uma tesoura, rapidinho, não sem antes recomendar: "Não mexam em nada!". Sentou no banco, esticou a perninha pra alcançar o pedal e acionou a agulha, sem tirar a mão do lugar onde estaria o tecido. Literalmente, costurou o dedo!

Com 5, subiu no guarda-roupa de nossos pais, caiu e quebrou a clavícula! Com 8, abocanhou o próprio bolo confeitado de aniversário minutos antes da festa, e chorou dramaticamente na hora do parabéns, como se não soubesse quem tinha feito aquilo! Aos 10, atravessou a rua escondido para comprar balas e atropelou um carro que vinha a vinte por hora. Quase leva minha mãe à loucura, perguntando se ia morrer, com um curativo colado no joelho! Com 11, encostou uma escada de beliche na parede, subiu e quebrou os dedos do pé! No mesmo ano dividiu a classe em duas facções rivais, uma das quais intitulada "Os gambás fedorentos"!

Cresceu assim: inquieta e irreverentemente criativa. Formou-se em Direito com 20 anos; fez cursos os mais diversos: inglês, dança do ventre, bolos e tortas, mecânica de automóveis, capoeira, teatro e pintura em tecido. É criativa ao extremo! Pinta paredes, borda vestidos, atuou no teatro amador e escreve muito bem. Depois de anos trabalhando em Direito, seguiu o sonho de ser jornalista e disse que vai trabalhar produzindo filmes. Sua cabeça é um liquidificador de ideias!

Se todas as crianças hiperativas resultassem em adultos hipercriativos, acho que toda mãe desejaria ter pelo menos uma em casa, a despeito do trabalho que dessem!

Fica aqui a minha homenagem, em vida, pois é assim que eu gosto, a essa irmã, que além de tudo é minha comadre, madrinha da espevitada Maria Eduarda, outra exímia aprendiz de feiticeira!

Uma irmã mais que querida

Sylvia, Sylvinha, Syl, assim se chama minha irmã loira de olhos verdes azulados.

Ela poderia, porém, ser chamada de muitos outros nomes: Querida; Estou aqui; Pronta pra ajudar; Conte sempre comigo; Prestativa demais; Família; Amorosa; Protetora; Pessoa do bem; Amiga pra qualquer hora; Ótima irmã; Excelente filha; Mãe amorosa; Comadre do coração; Afilhada querida; Madrinha nota dez!

Syl é tudo e muito mais! É bonita por dentro e por fora, inteligente, organizadíssima e gosta de trabalhar! Com todos esses predicados, mora no coração de centenas de pessoas, apesar de ser low profile.

A você, minha irmãzinha querida, afilhada, comadre e amiga Sylvia Fonseca, meus melhores desejos de feliz vida! E se houver nesse mundo alguém que ainda não saiba, declaro agora: eu te amo nesta e em todas as nossas próximas vidas, nas quais certamente o amor nos unirá!

Milu

Mila, Milu, Miluzinha, minha irmã caçulinha.

Magrinha de corpo, fortíssima de caráter, nasceu prematura, enfrentou e venceu enormes desafios depois de grande!

Totalmente low profile, me ensina diariamente que é possível amar quem é diferente de nós e, principalmente, admirar e aprender muito com tudo isso.

Uma loirinha em minha vida

Ela era a minha melhor amiga de infância. Fomos colegas dos 6 aos 11 anos. Adorávamos a companhia uma da outra! No fim do primário, a vida nos separou e nos perdemos de nós, mas eu nunca desisti de vê-la novamente.

Depois de muitos anos procurando, já casadas e com filhos, localizei-a numa busca na internet e, apenas para conferir se o perfil a ela pertencia, abri uma conta no Facebook e lhe mandei uma mensagem fechada. Bingo! Era ela!

Finalmente, num reencontro marcado em um restaurante paulistano, em meio a centenas de adultos e crianças, imediatamente reconheci aquela loirinha de olhos azuis tão lindamente guardada nas páginas afetivas das minhas memórias de infância!

Foi como se tudo congelasse num instante! Passamos muito tempo fortemente abraçadas, alheias a tudo à nossa volta, chorando de emoção e sorrindo de felicidade, olhando nos olhos uma da outra como se quiséssemos resgatar, dentro dos corpos já crescidos, as almas daquelas duas crianças que ficaram lá atrás. Eu segurei seus cabelos loirinhos e ela me deu centenas de beijos nas bochechas, rimos como crianças. Quanta alegria represada!

Alegrias compartilhadas, emoções minimamente acalmadas, apresentamos reciprocamente as nossas famílias e tricotamos durante toda a tarde, adentrando a madrugada, como se estivéssemos na hora de um feliz recreio!

De lá pra cá, nos encontramos, reencontramos e matamos as saudades várias vezes. Nossos filhos e maridos se tornaram amigos, resgatamos nossos laços invisíveis de ternura. A vida corrida ainda insiste em querer pregar peças e nos separar vez ou outra, mas agora estamos espertas! Experientes que somos, já sabemos que amizades como a nossa não se compram no mercado ou ficam por aí dando sopa! Somos Best Friends Forever, aconteça o que acontecer e estejamos onde estivermos.

A você, Christine Bona, às vésperas de mais um Dia das Crianças, a garantia do meu ombro amigo até o final dessa e por todas as outras vidas que vierem! Porque afetos verdadeiros não se diluem no tempo, apenas se fortalecem com o passar dele!

Eu, Tereza e Monteiro Lobato

Sou filha de uma professora primária e tenho orgulho de ter sido alfabetizada pela minha mãe, minha primeira professora!

Antes disso, lá pelos meus 3 ou 4 anos de idade, eu tive o privilégio de, sendo filha única até então, poder conviver com meus pais e com Tereza, contratada desde os meus 9 meses para ser fiel escudeira de meus pais, cuidar da casa e de mim.

E como cuidava bem! Meus pais iam trabalhar e me confiavam a ela, pois além de tudo não havia perigos maiores pra uma criança, passeando no jardim perto da sua casa, que a eventual mordida de um cachorro vira-lata.

Assim, eu e Tereza tínhamos passe livre para passear, explorando desde a padaria do bairro até a Biblioteca Monteiro Lobato, a qual passei a frequentar assiduamente, algumas tardes da semana.

E como eram deliciosas as tardes naquele lugar! Paredes inteirinhas revestidas de prateleiras repletas de livros infantis! Aquilo me fascinava tanto que mal prestava atenção nos brinquedos disponíveis para as crianças! O apelo era muito forte! Eram tantos títulos e capas coloridas, de tamanhos e formatos variados e, o mais sensacional, eu podia folhear tantos livros quantos quisesse, durante tardes inteirinhas, diante dos olhos da paciente e amorosa Tereza!

Dali a ser alfabetizada por minha mãe foi um pulo! Como era lindo meu livrinho *A casinha feliz*! Como era mágico poder juntar as letras e formar as palavras, que já me acostumara a ver nos livros da Biblioteca!

Talvez, se hoje eu lá voltasse, concluísse que, aos meus olhos infantis, aquele local era bem maior do que realmente é. Mas que importância tem isso? Olhando para mim hoje, para as coisas que me dão real prazer, vejo que trago dentro de mim muito da magia daquela Biblioteca: adoro ler e escrever; gosto do lado lúdico e colorido da vida, aprendi a brincar, me encantar e encantar com as palavras!

Pensando bem, se eu pudesse voltar à Monteiro Lobato hoje, talvez concluísse que ela era vasta demais pra caber somente na minha infância. Suas prateleiras na verdade se estenderam até as mesinhas da minha casa de hoje, cobertas de livros descontraidamente empilhados, à espera de olhos curiosos de leitura como os meus!

Penso que uma boa amizade é
como queijo com goiabada:
une duas coisas completamente diferentes
e muito boas em separado, que, quando juntas,
formam uma perfeita e deliciosa combinação!

Sobre o mundo moderno
e os relacionamentos

Eu sei: a mesma vida moderna que afasta as pessoas cria artifícios para reaproximá-las! Criaram a internet, os sites de pesquisa, os e-mails, as redes sociais, o SMS, as videochamadas, a teleconferência. Quantas facilidades! Parece um "cerca-lourenço", lembrando a todo momento: "você deve se comunicar!".

Adoro tecnologia! Tô dentro de tudo que sirva para me aproximar das pessoas. Através da internet, estou onde quero estar, vou aonde quero ir, desafiando fusos e limites de territórios, sinto-me emocionalmente globalizada.

Mas, e o calor do abraço, a cabeça recostada no ombro, a delícia do cafuné, o cheiro da outra pessoa? Isso ainda não conseguiram reproduzir!

Por isso, apesar de tudo, continuo sentindo saudades dos meus pais, das minhas irmãs, dos meus sobrinhos e de todos os queridos que estão fora do alcance dos meus abraços e beijos de verdade, aos quais diariamente envio centenas de abraços e beijinhos virtuais!

SOBRE A PASSAGEM DO TEMPO

A finitude do tempo infinito

O tempo é um bem precioso de valor relativo, que todo mundo possui, mas do qual ninguém é dono. Apesar de muitas vezes possuirmos a sensação de que temos todo o tempo do mundo para fazer algo, na verdade nenhum de nós jamais terá esse privilégio, pois o tempo, apesar de infinito, é recurso paradoxalmente limitado para todos que dele fazem uso.

O tempo é bem potencial, investimento sem garantia de retorno. Uma pessoa de 70 anos já teve 30, mas uma de 30 não necessariamente terá tempo disponível para chegar aos 70. Para ter tempo é preciso, antes de mais nada, saber respeitá-lo, não menosprezando quem teve a sorte de acumulá-lo.

Frequentemente, vejo pessoas classificando outras como de meia-idade. Mas qual é o real parâmetro de referência, se ninguém sabe quando a vida lhe será tirada? Não seria então precoce essa análise?

Acabo de saber da perda do filho de uma amiga aos 25 anos. Para ele o que foi a meia-idade? Doze anos e meio? E a pessoa que morreu aos 60? Estava ela na meia-idade aos 30, considerada por muitos a flor da idade? Percebe como tudo isso é relativo e como todas as teorias sobre o tempo são infundadas?

Não seria então o momento de rever nossos conceitos sobre a passagem do tempo, encarando-a com mais sabedoria? Como podemos classificar pessoas como velhas e novas, se nem mesmo nós sabemos quanto mais tempo temos?

Pense jovem, independente de quanto tempo tenha vivido. Pense sempre, ainda que para sempre jamais exista.

Forever young

Aos 60 anos de vida, Roberto Marinho inaugurou a nova era da TV brasileira, criando a Rede Globo de Televisão! Aos 100 anos, Oscar Niemeyer encantou o mundo com seus novos projetos!

Muito mais jovem que eles, sinto que me falta algo a fazer! Sinto a necessidade de me reinventar a partir dos muitos talentos que tenho, em contrapartida aos muitos defeitos com os quais hei de conviver para sempre, lamentavelmente!

Há uma inquietude dentro de mim, dizendo que devo explorar ainda mais aquilo que Deus me permitiu fazer bem. Olho para os lados e a mente borbulha de ideias, como num liquidificador de pensamentos, desejos e objetivos! Já plantei árvores, tive duas filhas e meus escritos, neste livro, abriram outras fronteiras...

Que Deus me inspire e me conduza à melhor exploração daquilo que tenho de melhor para compartilhar com o mundo! Ainda não tenho a resposta exata daquilo que vá fazer, mas creio que a minha imaginação ainda pode me levar muito mais longe do que os meus olhos possam alcançar das janelas da minha casa!

Obrigada, meu Deus! Obrigada!

Quero deixar registrados meus sinceros agradecimentos a você pelos anos vividos até aqui, em especial, por mais este que completo hoje!

Agradeço pela saúde que tenho, por ter vivido cercada pelo amor de minha família, por ter convivido com minhas filhas, meu marido, meus pais, irmãs, sobrinhas e cunhados, por velhos e novos amigos!

Muito obrigada por todas as pessoas boas que conheci neste ano e por todos os lugares aos quais pude ir, conhecer e revisitar, tirando muitas fotografias para mantê-los vivos na minha memória!

Agradeço também por todos os desafios a mim apresentados pela vida, nos quais pude demonstrar minha resiliência e habilidades, exercitar a humildade e vivenciar a minha fé, que me permitiu sonhar com dias melhores, mesmo diante de problemas!

Finalmente, agradeço pela minha energia, vitalidade e por todas as oportunidades que tive de espalhar a minha alegria entre as pessoas!

Por tudo isso... e, se não for lhe pedir muito: dá pra dobrar o tempo vivido, conservando suas bênçãos sobre mim? Obrigada!

Desembrulhando meu presente

Acordar todos os dias é a prova mais consistente de que Deus opera seus milagres diariamente. Sim, pois seja qual for a sua religião, ela o conecta a uma força maior, através da qual, você certamente acredita, lhe foi dado o presente da vida.

Mas o que seria esse tal "presente" de que tanto se fala? Penso que é algo maravilhoso, que eu devo usar agora, sem guardar para depois. Qual a mais linda borboleta, o presente dura muito pouco, exatas 24 horas. Passado esse prazo de validade, entra para as páginas do passado, passa a ser ontem, um tempo sobre o qual só me restará lembrar. Sendo assim, trato logo de experimentar, viver e aproveitar o hoje, o agora.

Então, quando o dia amanhece e, ainda sonolenta, me pergunto por que tão rapidamente, lembro imediatamente que Deus acaba de me dar outro presente e que devo usá-lo da melhor forma possível, sob pena de perdê-lo novamente na próxima calada da noite.

A pior tristeza que se pode ter é dizer: "Eu era feliz e não sabia!". Se não sabia, não aproveitou os presentes que lhe foram dados. Por isso, coleciono as boas lembranças, como se repetisse um mantra: "sou feliz agora, apesar e com tudo que tenho!".

Graças a Deus, tenho uma boa coleção de ensolaradas lembranças! Sem elas, não seria possível atravessar as tempestades, às quais estamos todos sujeitos.

Dormir muito
ou aproveitar a vida

Ontem, almoçando com colegas de trabalho, trocávamos ideias sobre dormir muito ou aproveitar a vida.

Para os que gostam de dormir bastante – a maioria na mesa –, dormir muito, sem hora pra acordar, é um prazer inigualável! Final de semana, então... um luxo! Para mim, dormir muito significa aproveitar menos a vida e tudo o que há disponível pra me manter participando ativamente dela. Se durmo muito, tenho a sensação de que está acontecendo um monte de coisas e eu não as estou vivenciando. Há muitos livros para ler, filmes para ver, ideias para pôr no papel, coisas a descobrir, conversas para entabular!

Nada contra quem precisa dormir mais, mas, fazendo uma conta básica, se eu viver pelo menos 90 anos e dormir 8h por dia, ou seja, 1/3 do dia, vou ter dormido 1/3 da vida, ou seja, 30 anos! Como durmo apenas 4h por dia, quando fechar essa contabilidade, ganhei 15 anos de atividade, o que não me parece um número nada desprezível!

Mas cada corpo tem suas necessidades. Longe de mim fazer do meu um padrão pra todos! Falo apenas de mim e da minha alma inquieta e cheia de energia dinâmica. Ela tem fome de informações e sensações que me auxiliem a protagonizar a minha história de forma mais rica. Esta é a minha essência. Esta sou eu.

E quem sabe, de verdade, o que é o melhor para todos, diante dos mistérios da vida?

Vai pra onde?

A gente corre de um lado para o outro o tempo inteiro. Acorda cedo e corre pro chuveiro; se veste e corre pra tomar café; pega a chave e corre pro trabalho; no trabalho corre o dia inteiro. À noite, corre pra casa. Exausto, corre pra cama e pede pro sono vir correndo, porque amanhã começa tudo de novo!

Há variações de atividades de uma pessoa pra outra, mas todas têm algo em comum: estão correndo para fazer a próxima coisa. A sensação que dá é que lá, no futuro, é que estão as melhores coisas. Então não há tempo pra viver o agora. Parece que estamos em intermináveis partidas de amarelinha, sem aproveitarmos o céu, quando chegamos a ele, porque temos de começar rapidamente a próxima partida.

Talvez valesse a pena diminuir um pouco a velocidade do carrossel e pensar: se o ponto de chegada é apenas um pretexto da vida, o agente motivador de toda a caminhada, ao qual, por diversos motivos, podemos chegar ou não, independentemente do quanto corremos, por que não aproveitamos mais o percurso?

Num mundo globalizado e capitalista, se a gente, ao longo do nosso agitado caminho, não tiver tempo para falar com um amigo, retribuir o amor de nossos pais, olhar os filhos nos olhos, fazer o bem para alguém ou agradecer a Deus por tudo que temos, que sentido real tem essa trajetória? Você já parou para pensar, de verdade, para onde está indo?

Feliz
em qualquer dia!

Sexta-feira é dia internacional do "vamos nos divertir"!

É também quase um dia religioso, tal a quantidade de pessoas que agradecem a Deus porque é sexta-feira! Todo mundo amanhece dando bom-dia até para as árvores, de tanta felicidade! O dispositivo "aproveitar a vida intensamente" foi acionado!

Ainda que eu adore a sexta-feira, não gosto de atribuir apenas a esse dia a oportunidade de levantar o meu astral, porque se assim o fizer estarei dizendo que é impossível ser feliz na segunda-feira, por exemplo, o que não é uma verdade absoluta. A responsabilidade de eu ser feliz é minha e, como sempre afirmo, é uma escolha pessoal e intransferível que faço diariamente.

Não adianta enxergar tudo ruim e ser mal-humorado na segunda, na terça, na quarta e na quinta, e se descobrir sensacionalmente bem-

-humorado só na sexta-feira! Não há companhia que aguente! Nem nós mesmos! Até porque, se a gente parar pra pensar, em algum instante de nossa vida, simplesmente não haverá mais sextas-feiras, porque ninguém vai durar indefinidamente. Já pensou se você mantiver toda a sua alegria represada para viver na sexta e morrer justamente numa quinta-feira? Quanto tempo perdido!

Então, liberte-se! O calendário foi criado apenas como uma referência de contagem de tempo.

Levante seu astral e aproveite a VIDA porque é FELIZ e não porque é sexta-feira! E quando a próxima sexta-feira chegar, agradeça a Deus porque é feliz e não pelo dia da semana!

Trio elétrico estacionado

Domingão nublado e preguiçoso...

Para uma pessoa como eu, que vive em aceleração constante e só para quando está doente, ficar um dia inteirinho com saúde, sem compromissos, horários e afazeres, é recuperador!

Se trem-bala, avião e trio elétrico param entre uma viagem e outra, esta baiana 330 volts se deu o direito de parar e descobrir o prazer de ficar quietinha!

Muito bom!

Notívaga

ACELERAR A MENTE: ATIVADO!

PENSAR EM TODOS OS DETALHES: ATIVADO!

CORRER CONTRA O RELÓGIO: ATIVADO!

REALIZAR DEZENAS DE COISAS AO MESMO TEMPO: ATIVADO!

DORMIR... botão emperrado!!!

A mente inquieta e curiosa da notívaga tenta driblar o corpo cansado e sonolento depois de um dia que começou cedo e foi cheio de atividades. O placar é duro e, por enquanto, marca empate!

Difícil a vida para o corpo de uma pessoa notívaga... De dia tem que ficar acordado. À noite, custa a dormir...

E o sono? Por onde vaga este companheiro que há muito só vem me acompanhar na alta da madrugada? Preciso descansar o corpo, repousar a mente, reenergizar a alma!

Cadê o sono, meu Deus? Já o procurei em todos os cantos da casa: no quarto, dentro do copo d'água gelada, debaixo do chuveiro quente, na tela do tablet, no cantinho da cama... e *NADA!*

Vem logo, companheiro! Não fuja de quem tanto lhe deseja! Pare de brincar de esconde-esconde por detrás da tela da tv, por entre as páginas da internet, debaixo dos vários livros e revistas na minha cabeceira!

Insônia, tome seu rumo! Vou fechar os olhos! Quem sabe assim, enganada, você pensa que já dormi e me deixa em paz?

CONCLUSÃO

É preciso saber
viver

É preciso construir os laços, fortalecer os abraços, afrouxar os nós, aproximar os passos, estender as mãos, diminuir os espaços.

É preciso ser forte para sobreviver e sensível para viver com qualidade o prazer de se relacionar.

É preciso gostar de gente para ser gostado e cultivar amigos para ser lembrado.

Como diz a música, "é preciso saber viver!".

Sumário

Universo conspirando... 8

O COMEÇO...

Razão e sensibilidade...13
Energia e bom humor...15
Persistentemente feliz...17
Felizmente eclética..19
Desenhando com as palavras 21
A essência trazida da origem 23
Baianíssima 24
A alegria de aprender com os outros 26
Meu jeito de lhe dizer..27

IMPRESSÕES SOBRE O MUNDO À MINHA VOLTA

De travesseiro na mão...31
Viajando no dia a dia 32
Intensamente viva!..34
Sobre a importância de celebrar 36
Tem que ter gás e sabor 38
Sonhos verdadeiros...39
O poder da energia..41
O mergulho essencial..43
Uma pessoa comum 44

Os pratos nossos de cada dia 47
Caldeirão de gente 49
Frente a frente com Batman 50
Bolachinhas de água e sal 52
A nobreza fabricada e a nobreza real 53
Mãe-Maravilha 55
Linda, leve, solta e humilde! 56
Rir é o único remédio! 58
Delícia de feira noturna 61
As mudanças que esperamos que o outro faça por nós 62
Pedra que não rola cria limo 65
A arte de explorar o melhor de si 66
O vento do novo e a resiliência da fé 68
Volta às origens 70
Viva São João! 71
O chuchu-vai-com-os-outros 73

O LADO B E SEUS ANTÍDOTOS

Ter razão ou ser feliz 77
O lado A e o lado B 78
O maravilhoso mundo das pessoas descartáveis 80
Adaptar-se ou ser tolerante? 82
Conviver com paciência 83
Destempero 85
Vivendo e aprendendo a jogar 86
O poder da alegria 87

A pobre menina boba 88
O jiló da inveja 89
Colírio diet 90
Fiscais da perfeição alheia 92
Focar as qualidades ou fixar-se nos defeitos? 95
Os problemas e os bolos de chocolate 96
Tire sua estrela de xerife 98
Telecurso do crime de 3º grau 100
A história de um rei e seus súditos 102
Sob proteção divina 103
Abraços calorosos, capazes de contagiar! 104

PESSOAS QUE IMPORTAM AO CORAÇÃO

Luminosidade 108
O grande barato da amizade 110
Laços verdadeiros 111
O dia em que virei Amora 113
Feliz bodas de cumplicidade! 116
Eu e Juju 118
Maria Alegria! 119
Sob a proteção de Maria 120
De uma mãe-pássaro antes do voo dos filhos 122
Sobre meu pai 123
Verdadeira Luz 125
Um homem muito interessante 126
Um cravo com amor 129

Querida vovó Didia 131
Carmen de todas as rosas 132
Uma irmã mais que querida... 134
Milu.. 135
Uma loirinha em minha vida 136
Eu, Tereza e Monteiro Lobato.. 138
Sobre o mundo moderno e os relacionamentos... 141

SOBRE A PASSAGEM DO TEMPO

A finitude do tempo infinito...144
Forever young 146
Obrigada, meu Deus! Obrigada! 147
Desembrulhando meu presente..148
Dormir muito ou aproveitar a vida 150
Vai pra onde?... 152
Feliz em qualquer dia! 154
Trio elétrico estacionado 156
Notívaga 158

CONCLUSÃO

É preciso saber viver...162

Impresso na gráfica da
Pia Sociedade Filhas de São Paulo
Via Raposo Tavares, km 19,145
05577-300 - São Paulo, SP - Brasil - 2014